広島高等師範学校校長時代の
北條時敬

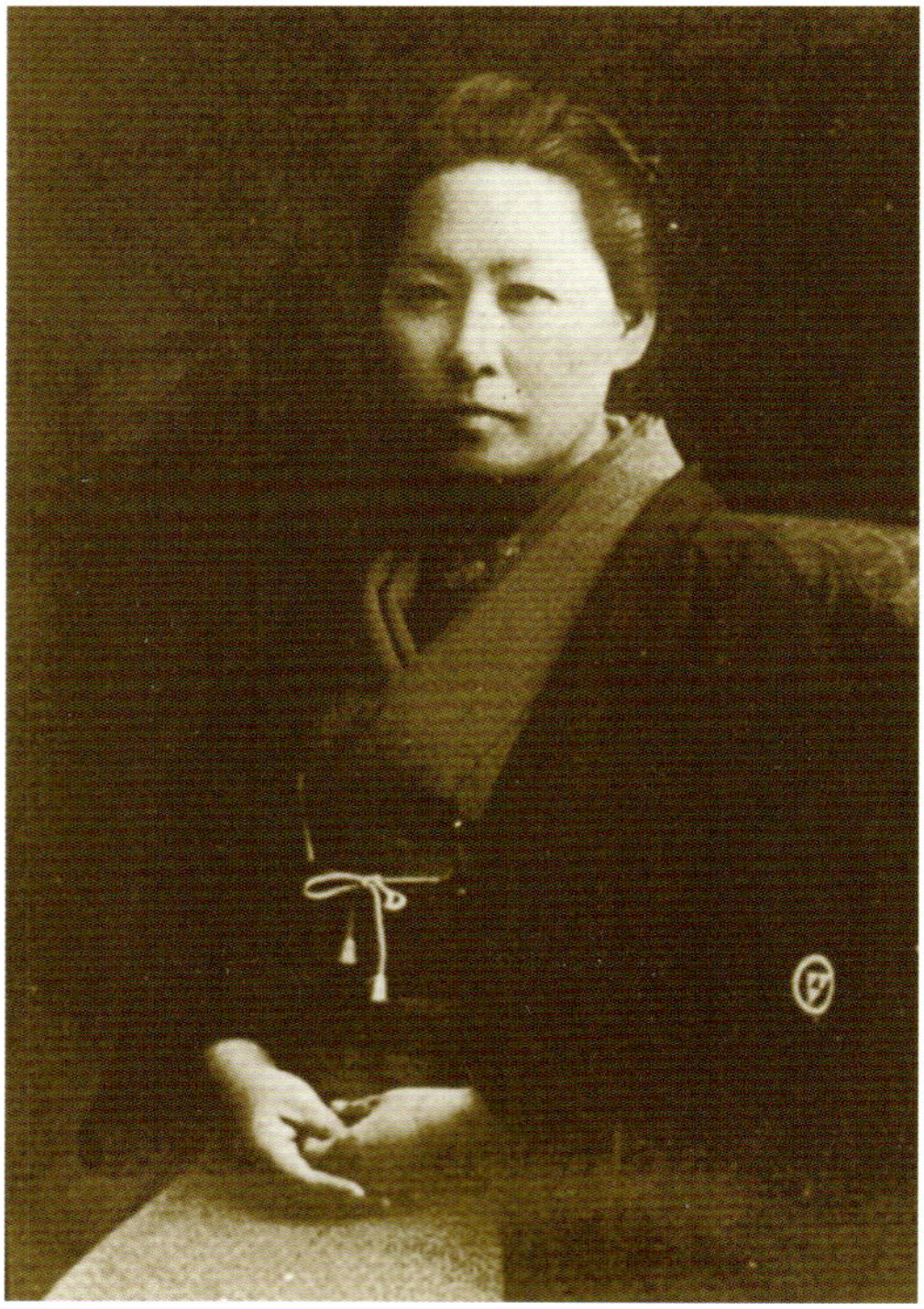

北條時敬と生涯を
共にした薛夫人

王子の自宅の庭でくつろぐ
晩年の北條時敬

広島高等師範学校に
創建された胸像
(北村西望作 1937)

貴族院議員としての
正装姿

双頭の鷲

北條時《とき》敬《ゆき》の生涯

丸山久美子

工作舎

序

浅見洋［石川県西田幾多郎記念哲学館館長］

如月《きさらぎ》の始まりの日、本書の著者丸山久美子先生から「この度、『北條時敬伝』を上梓する予定になっています。……先生に序文を書いていただきたく存じます」という流麗な文字の依頼状とともに、既刊書『北森嘉蔵伝　その生涯と思想』、『えんじょもんの金沢逍遥』が送られてきた。如月には「寒さで着物を更に重ねて着る」（着更着《きさらき》）と「気候が陽気になる季節」（気更来《きさらぎ》）という二つの相反する語源があるらしいが、何年かぶりの大雪に身を固くして過ごしていた者にとっては、春光の前触れのような、ありがたい依頼であった。

現在、金沢で受験生に最も人気のある合格祈願の神社は、兼六園と隣接している金沢神社である。前田家の先祖とされる菅原道真を祭神とし、新井白石が「天下の書府」と呼んだ加賀藩の藩校・明倫堂の鎮守であるこの神社の境内に、北條時敬の顕彰碑がある。風雪にさらされて碑文はほとんど判読できなくなっているが、その前面にある立札には「北條時敬は金沢が生んだ偉大な教育者で第四高等学校・広島高師・東北大学・学習院の長を歴任し……」と記されている。金沢神社から徒歩十分ぐらいにある「金沢ふるさと偉人館」では、近代日本文化の形成に貢献した金沢ゆかりの偉人たちの足跡が紹介されている。加賀の三太郎と称される世界の禅者・鈴木大拙、日本を代表する哲学者・西田幾多郎、国文学の創始者・藤岡作太郎をはじめ、木村栄、山本良吉、井上友一など、文化都市・金沢を代表する綺羅星のごとき人々の展示コーナーがある。しかし、これらの人々が恩師として慕った近代教育界の大立者・時敬の足跡を紹介するコーナーは設けられていない。

本書は顕彰碑文のように歴史の中で風化し、偉人たちの群れからこぼれ落ちている時敬にもう一度光を当て、蘇らせんとする試みである。新たな文化を創造した偉大な先人の足跡は紹介する人がいなければ、歴史の中に埋没してしまう。伝記が書かれなければ、偉人たちは歴史的遺産とはなり得ない。時敬の足跡を残そうとした最初の試みは、西田、山本を中心に、直弟子と友人たちが発起人・賛同者となって刊行した「西田幾多郎編『廓堂片影・北條時敬先生遺文集』

（教育研究会、一九三一年）」である。この書は遺稿、小伝に年譜を付した九百頁を超える大著であるが、教え子たちは山のように大きかった師の片影（ほんの一部）に過ぎないと考えたのであろう。次いで刊行されたのが「上杉知行『偉大なる教育者　北條時敬先生』（北国出版社、一九七八年）」である。その「あとがき」には「北條先生の人と学を何等かの形で後世に残したいということが私の年来の悲願であった。……このことは誰かがしなければならない。それを西田幾多郎先生故郷の地に住む者がしたというだけである」、末尾に「大いなる山にも似たる師の君の一書刊行の喜びに生く」と記されている。西田幾多郎の生誕地（現かほく市）に住んでいた教育者であり、後に宇ノ気町立西田記念館館長（石川県西田記念哲学館の前身）を勤めた上杉氏が独力で調査を重ねて著された最初の伝記である。だが、地方出版社から刊行された小さな文字のこの書は、今では入手することが難しく、人々の耳目に触れることもほとんどない。

伝記刊行から四〇年を経た今、師弟関係も地縁もない遠所者《えんじょもん》の丸山久美子さんによって、時敬にもう一度光が当てられようとしている。丸山さんは社会心理学、統計科学、社会医学を専門とする研究者であり、神の痛みの神学者・北森嘉蔵の評伝を書かれたキリスト教徒である。「神の痛みの神学」は西田や田辺の哲学と切り結びつつ共鳴する、日本の独創的な神学である。内村不敬事件に対して批判の急先鋒であった禅者時敬とキリスト者北森はアンビバレント（両義的）な立場に立つ存在のようにも思われる。しかし、キリスト教思想から出発して、西田哲学や死生学に関わってきた私は、丸山さんのそうしたアンビバレントな関心と立場に共感を覚えている。また、金沢の和算の系譜を受け継ぐ数学者としての時敬の描写にはデータ分析研究者としての丸山さんの関心が、十四会などの社会運動の組織が時敬を中心とする金沢人たちによって組織されていたという記述には遠所者ならではの視点が活きているように思う。

テーマの「双頭の鷲」という題目は時敬の理性と胆力を兼ね備えた、金沢の文化人のリーダーというほどの意であろう。双頭の鷲は二つの権威を有していることの象徴として、神聖ローマ帝国・ロシア帝国ロマノフ朝・オーストリア帝国などの紋章に描かれている。加賀の鳥は犬鷲《イヌワシ》である。森林の生態ピラミッドの頂点に立つ存在であった犬鷲は現在、国内で五百羽ほどしかおらず、絶滅の危機に瀕している。出版界に絶えず刺激的なデザインを提供してきた工作舎から公刊される本書と近代加賀が生んだ偉大なる教育者・北條時敬が、「加賀の象徴である白山系を悠々と飛ぶ」犬鷲のように多くの人々の耳目を集めるようにと祈っている。

二〇一八年　如月最終日曜日夜半に記す

教育者・数学者として後輩の指導に全力を注ぎ、金沢の文化を全国に広めた
双頭の鷲・北條時敬先生の遺徳を偲び、ここに先生の歩んだ人生を記す。

丸山久美子

はじめに

幕末の金沢は数学において優れた俊英を輩出した先進的な町であった。

加賀藩では、武士は兵法、百姓は測量、町人は商売などのために、和算を盛んに学んだ。彼らの習得した高度な和算は、明治期の洋算への切り替えを簡単に受け入れる素地となった。また金沢では、この和算から洋算への転換期を指導することのできた数学者・関口開《ひらき》が私塾を開き、多くの門弟を擁していた。

その門弟のなかでも本書の主人公、北條時敬《ときゆき》は「加賀に北條あり」と塾の友人たちが誇らしげに称したほどの秀才であった。

北條時敬は石川県専門学校において、後に日本のみならず世界の思想界にインパクトをもたらすことになる西田幾多郎と鈴木貞太郎（大拙）を指導した師であり、両者の生涯にわたる助言者でもあった。

若くして秀でた数学の才を示しながら、北條時敬の数学者としての業績はほとんど知られていないが、今日「掛谷問題」として世界的に知られる解析学の重要なテーマの誕生に、北條が深くかかわっていたことが明らかになっている（第七章参照）。

北條時敬は教育者としてキャリアを積み、石川県専門学校（第四高等中学校）、第一高等中学校教師をへて、山口高等学校、（金沢）第四高等学校、広島高等師範学校の三校（戦後は新制大学となる）の校長を歴任。さらに東北帝国大学総長、学習院院長となって、理系・文系の教養を総合的に育む大学教育の基盤をつくり、多くの後進を育てた。

強烈なオーラを放ちながらも恬淡とした徳性をそなえた教師は、自らの名を残すことに執着せず、多彩な人材を惹きつけ、切磋琢磨させつつ、それぞれの異能をよりその人らしく育み、後世に多大な影響をおよぼすことになる。

北條時敬と彼が触発した綺羅星のような人びとの特徴を探りながら、明治・大正・昭和と激変した時代に、どのような教育が求められて来たのかを明らかにしたい。

目次

第三章 東京帝国大学大学院生にして第一高等中学校教授 059

＊北條時敬の姓の表記は、時代・文献により「北条」と「北條」が混在しているが、北條家の戸籍にしたがい、本書では「北條」に統一した。

第一章

幕末の加賀藩前田家と数学者関口開

1　学問の府・加賀百万石

加賀百万石ともいわれた前田藩は、徳川幕府を脅かすほどの雄藩として栄え、その中心都市金沢は今日なお歴史情緒ゆたかな街並で、内外の観光客を惹き付けている。「金沢」といわれたとおり「金」の特産地でもあり、ふんだんに金箔をほどこした華麗な伝統工芸も、新しい世代に受け継がれている。

しかし、前田利家が統治するまでの加賀は、一向一揆の盛んな地であり、ほぼ百年にわたり「百姓の持ちたる国」として名を馳せた特異な地域でもあった。仏教徒といえども、いざとなれば武器をとってあくまでも戦う、気概あふれる民の居住地でもあった。

そろばんが得意だった
初代加賀藩藩主・前田利家

さらに時代をさかのぼれば、金沢の町の背景にそびえる霊峰・白山は、八世紀に泰澄が開山して以来、白山信仰の対象でもあり、修験者の修行の場でもあった。

白山山系の北端の医王山から滴り落ちた雫が集まって金沢の町を流れる二つの川、犀川と浅野川に注ぎこみ、やがて日本海に流れてゆく。

金沢の冬はひときわ厳しく、冬将軍がやってきて豪雪を「白山おろし」であおり、街中を吹雪まみれにする。積雪は背の高さに達するのが常態であった。そのような厳寒でも、波の花の舞う日本海からもたらされるブリや甘エビ、ズワイガニ、カキなどの海の幸は、日ごろの苦労を帳消しにしてくれた。

恵まれた自然がもたらす海の幸と山の幸に加え、能登には北前船で全国の特産品がもたらされ、四季おりおりの食材を活かした加賀料理も育まれた。

加賀藩の藩主は、代々学芸に熱心で、藩祖の前田利家は「そろばん大名」と称されるほどそろばんに長けていた。

加賀藩ともなると膨大な経理業務を適切にこなすため、多数の「御算用者」、いわゆる「そろばん藩士」をかかえていた。世襲制なので、彼らは幼少の時から和算を身に着けなければならなかった。膨大な経理業務をそろばんで処理する彼らの日常生活は、磯田道史『武士の家計簿

「加賀藩御算用者」の幕末維新』（新潮新書）に記され、『武士の家計簿』として映画化されたとおり、この伝統は明治維新にいたるまで受け継がれた。

一〇代藩主の前田治脩《はるなが》は、寛政四年（1792）に藩校・明倫堂を設立し、儒学を中心としながらも、和算や天文学や本草学など理系の授業もおこなった。

一二代の前田斉泰《なりやす》は、ペリー来航後の海岸防備のため、文久二年（1862）七尾（艦船の実地訓練で軍艦の根拠地）と金沢西町（航海術の教習所）に軍艦所を開設し、長州人の戸倉伊八郎を招聘して、航海術と西洋の数学、洋算を指導させた。

この戸倉伊八郎の教え子のひとりとなったのが、明治期に和算から洋算への転換を指導した関口開《ひらき》である。

2　和算と洋算を繋いだ関口開

関口開は天保三年（1842）、加賀藩の人持組篠原主馬給人三田村勘衛門の二男として生まれ、定番御歩組の関口勝武の養子として成長した。安政三年（1856）、加賀藩士御算用師範の瀧川秀蔵について和算を学びはじめ、万延元年（1860）には和算初段となり、その二年後には中段に昇格した。和算中段となった身で関口家を相続し、定番五歩禄高四〇俵を受けるようになった。瀧川秀蔵が亡くなり、御算用師範は滝川吉之丞が継承するが、滝川家の実質的な師範は三善善蔵が継承し、三善により関口開は元治元年（1864）に和算免許相伝となり、翌年、御算用者となった。

和算と洋算に長けた関口開

関口開は瀧川秀蔵に和算を学びながら、独学で外国人の書いた洋算の書物を苦労して読みながら学んでいた。和算中段となったころ、関口が勤めていた西町の軍艦所に長州藩士の戸倉伊八郎がやってきた。

戸倉伊八郎は長州藩から長崎海軍伝習所に派遣され、オランダ人から航海術や数学を学んだ。その後、江戸に出て、さらに洋学の研鑽を重ねた。長州藩の尊王攘夷派が優勢になるにつれて、洋学を学ぶ身に危険を感じるようになっていた矢先に声をかけられ、加賀藩にやってきたのである。

関口開は戸倉伊八郎について初めて本格的に洋算を学びはじめることになる（この間の戸倉伊八郎と関口開の交流については高瀬正仁『高木貞治とその時代――西欧近代の数学と日本』に詳しい）。戸倉から洋算を学ぶ機会を得た関口は、さぞ意気込んだことだろう。しかし残念ながら戸倉伊八郎の数学的能力は、関口開よりもはるかに劣っていた。

明治二年（1872）、前田斉泰は学問所「致遠館」を西町神護寺（現在の尾山町大谷廟所）に設置し、関口開に洋算教授役を命じた。

晴れて洋算教授となった関口は、公務の余暇を見て「練算塾」という私塾を開いた。英語の勉強も独学ですすめ、洋算の理解につとめた。その成果は日本独自の数学書『新選数学』（明治六年

〔1873〕）に結実した。

同書は全国的に普及し、明治八年には二版、九年には三版、没後の明治一九年には第六版を刊行し、累計二二万部のロングセラーとなった。

『新選数学』の初版は、加法・減法・除法・小数除法・最大除数・最小倍数・約分・通分・分数加法・分数減法・分数乗法・諸等表などに区分けされた問題集であった。第四版になると問題集に解答が付されるようになった。

和算では関口と同門、洋算では門人だった加藤和平は大正七年（1918）二月二日、金沢育英小学校同窓会席上で次のように語っている（『関口開先生小伝』）。

「予が関口先生に入門したのは明治三年一二月で、その頃は王政維新藩政大改革の時節で、金沢藩も従前の学科を改革して処々に小学校を設け、学科を読書、習字、洋算の三部に分け、各部専門教師が教授したものであった。……その頃洋算がいたって少なかったために、適任者の当がないので、和算家滝川吉之承氏大師範たる、予が旧師匠、故三好善蔵君の推薦で、同校教員の候補者となったわけです。関口先生も和算は同師の高弟で予と同門人でした。……その頃はまだ洋算の翻訳書がどこにもないので、教授洋書は先生がボツボツ訳して出すのです。之が一冊出ると引っ張り合いで謄写する……そのうち数学問題集が出版になりましたので教科書謄写の手数は省けましたが、この本は洋書直訳で問題の度量衡や貨幣は英国の通用でわが国日常に適用せぬというので新選数学を自分等が編纂したのです」。

文中の『数学問題集』とは、英国の出版業者ウィリアム・チェンバーズとロバート・チェンバース兄弟による『理論と実用の算術』を関口開が翻訳・編纂して問題集としたもの。度量衡が異なるので実用には適さなかったが、明治四年（1871）初版、四年後には第二版が出版され、合計三万五千部となった。

関口開は、北條時敬をはじめ、後に高木貞治と岡潔の師となった河合十太郎など、草創期の東京帝国大学数学科に多彩な弟子を送り込んだ。またエリートに限らず、ひろく金沢の一般庶民に至るまで数学を教えたので、数学は知的な娯楽として普及した。

同じく関口開門下の田中鉄吉《おのきち》は、明治二〇年（1887）、第四高等学校創立当初より同校の数学教授として四〇年間務め、大正一五年に退官。昭和一二年（1937）に『郷土数学』（改訂増補版）を池善書店より上梓している。

3　幕末から明治維新の加賀百万石

第12代加賀藩藩主・前田斉泰

金沢の歴史学者・浅香年木《あさかとしき》によれば、加賀百万石は大藩ゆえに小回りが利かず、倒幕のチャンスを逃して明治期には多くの旧士族が路頭に迷うことになった。薩長藩閥が権勢を誇るなか、加賀藩士としての矜持は明治政府への反発となって表面化した。

明治一一年（1878）五月一二日の朝、参議・内務卿の大久保利通が出勤途上、東京麹町の紀尾井町で暗殺された。旧加賀藩士の島田一郎（良）、長連豪《ちょうつらひで》ら五名と旧鳥取藩士一名の六名による犯行であった。「紀尾井坂の変」と言われる暗殺テロ事件である。彼らは暗殺の理由として藩閥政治の専横ぶりを記した斬奸状を持ち、事を遂げて自首した時には「三千万の国民は皆われらの同志」と主張したが、直ちに処刑された。

首謀者の島田一郎は、事件をおこす前年（1877）、西郷隆盛による西南戦争に呼応しようとして果たせず、テロに走ったのである。

加賀藩士族出身の郷土史家・日置謙は、『石川県史』において、この事件を「加賀藩が天下第一の雄藩たるにも維新の風雲に会して、何ら為すところがなかったために、この不名誉を回復するための破天荒な一快挙を敢行せしめんと試みた」と著している。

金沢の野田山にある六人の暗殺者の碑には「明治志士」の文字が刻まれている。幕末に「志士」を出すことのできなかった加賀藩では、遅まきながら彼らに行動する「志士」の幻影をみようとしたのであろうか。

戦後政治の流れを見ても、北陸から出て頂点をきわめた政治家は、森喜朗を例外として、きわめて少ない。北陸人は権力のもてあそびになれた土地風土に育った人々に比べて、小利口に動けないのだと歴史家の浅香年木は分析した。

明治一九年（1886）の帝国大学令のもと、明治一〇年（1877）に東京開成学校と東京医学校の統合により創立された東京大学は「帝国大学」と改称された。統合前に東京医学校は旧加賀藩の上屋敷跡に移転しており、今日の本郷キャンパスにいたっている。同時に北海道・沖縄県を除く全国の五地区それぞれに高等中学校を設置することが定められた。東京の第一高等中学校、仙台の第二高等中学校、大阪（京都）の第三高等中学校、金沢の第四高等中学校、熊本の第五高等中学校の五校である。

明治三〇年（1897）、京都帝国大学が設立されると、日本唯一の最高学府だった「帝国大学」は「東京帝国大学」に改称された。さらに明治四〇年（1907）に東北帝国大学、明治四四年（1911）には九州帝国大学と北海道帝国大学が続き、少し間をおいて昭和六年（1931）に大阪帝国大学、昭和一四年（1939）に名古屋帝国大学の二校が加わった。

新潟・富山・石川・福井の四県からなる北陸第四区も帝国大学招致に尽力したが、果たせなかった。加賀藩校・明倫堂を前身とする金沢の石川県専門学校が帝国大学令により、第四高等中学校となったおり、金沢医学校を「四高医学部」として併合した。その後明治二七年（1894）の高等学校令により第四高等学校と改名し、大学予科・医学部を設置。明治三四年（1901）、医学部を金沢医学専門学校として分離独立させた。さらに新高等学校令により、大正八年（1919）四月に大学予科を廃止して文科・理科よりなる高等科を設置した。

四高では昭和五年（1930）、反帝同盟に対する弾圧事件で学生二〇名が検挙され、三五名が退学処分となる事件があった。戦後の昭和二二年（1947）には、昭和天皇の金沢訪問にさいして、四高生は来迎反対を決議し、天皇の巡幸ルートを変更させたこともあった。

昭和二四年（1949）の学制改革により、「金沢大学第四高等学校」として新制金沢大学に包括され、四高は翌年閉校となった。

「加賀百万石」のプライドの故に中央志向を潜在化させながら、独立不羈の志を貫く才人たちにより、金沢の町は独特な文化や芸術を生み出して行った。彼らと多少なりとも親交を重ねてみると、いとも古風で温和な人々の魂の中に、中央への反逆精神が強く潜在していることに驚くのである。

第二章

金沢第四高等中学校

1 北條時敬の系譜

安政五年（1858）三月二三日、春まだ浅い北陸の金沢市池田町の北條家に男児が誕生した。加賀前田藩藩士であった父北條條助、母トシの二男として誕生し、粂次郎《くめじろう》と名付けられた。のちに元服して時敬《ときゆき》となる。北條家は鎌倉北條氏の流れをくみ、慶長二〇年（1615）の大坂夏の陣の後、加賀前田藩へ仕官して、金沢に移住してきたと伝えられている。

安政五年と言えば、大老井伊直弼による尊王攘夷派の弾圧「安政の大獄」の年でもある。江戸幕府はペリー来航後の外交問題や第一三代将軍・徳川家定の後継問題をめぐり、さまざまの策謀が交錯し、二五〇年続いた幕府もゆれうごいていた。孝明天皇の勅許を得られぬまま日米修

幕末の加賀藩家老・
本多政均

好通商条約を結んだり、第一四代将軍を家茂に決定したり、吉田松陰や橋本左内などの逸材を処刑したりした強権ぶりは、尊王攘夷派の恨みをかうことになった。井伊直弼が尊王攘夷派の急先鋒、水戸藩浪士によって桜田門外で暗殺されたのは、「大獄」の二年後のことである。

桜田門外の変以降、佐幕派と尊王攘夷派の対立はますます激化して、幕末を迎えることになった。

幕末の混乱は加賀藩も同様であった。大藩ゆえにまとまりがつかず、佐幕か尊王攘夷かをめぐって藩内は一触即発の状態にあった。

明治元年（1868）、加賀藩筆頭家老本多政均《まさちか》は、西洋軍制を積極的に導入し、藩政の近代化につとめたが、尊王攘夷派を冷酷に処分したことで恨みをかい、翌年金沢城二の丸殿中にて、井口義平、山辺沖太郎に暗殺された。三二歳の若さであったという。本多政均の家臣は仇討に立ち上がり、二年後に本懐を遂げた後、切腹した。現在、彼らは本多家の菩提寺である曹洞宗・大乗寺に「十二義士」として埋葬されている。明治六年（1873）には仇討禁止令が発布されたので、この仇討事件は「最後の仇討」として知られることになった。

明治維新となり薩長閥からは疎んじられたうえに、このような事件まで起こす藩内対立により、加賀藩の財政はますます逼迫した。雄藩ゆえにかかえている家臣の数も膨大で、多少の倹約ではまかないきれなくなり、ついに家臣の整理を始めた。手始めはまず、他国や他藩から流入・招聘した家臣が対象になった。

加賀藩生え抜きの家臣は整理の対象にならずにすんだが、それ以外は名前を変えて亡命したり僧籍に入ったりして身を守った。

北條家は、元は鎌倉北條家からの仕官であったので、追放の対象となったが、北條時敬の父・北條條助は姓を変え、北山姓とも木村姓とも名乗り姿をくらましたと伝えられている。また一説に、僧侶となって金沢のどこかわからないが坂の中腹にあるかなり高名な寺に身をかくし、その寺の住職ないしは高僧となったとも言われている。

北條家の菩提寺は寺町の臨済宗・宝勝寺である。宝勝寺の墓地には明治初めに追放された前田藩の武家一九家の墓があり、北條家はそのひとつである。

北條時敬が娘たちに語ったところでは、母は代々法衣、荘厳具などを扱う観音町の商家の出で、相当の教養が身についた、しとやかな風情の持主で、「観音小町」と呼ばれるほどの加賀美人であったという。

幼少期の粂次郎は、父の存在を知らず、観音町の母の実家で何不自由なく育てられた。幼少時は餓鬼大将でかなり親泣かせの子供であったが、ある時改心して一途に勉強するようになった。このことは一大事件として周囲に広まった。これまで粂次郎に乱暴されても、手が出せないで泣き寝入りしていた観音町界隈の児童は、この噂を耳にして安堵した。

「かつては悪童、今は神童」と近辺の人々は粂次郎のことを囁き合ったという。

この一件の真偽や粂次郎がどの程度優秀な子供であったのかを文書で確かめるすべはない。当時の小学校の書類は火災で焼失し、明治初期の記録は皆無である。だが粂次郎の竹馬の友であった土岐僙《ときこう》（第一銀行監査役）の証言がある。

「私は日本人として楽しき生活を営みえられたのは全く友人の御蔭であろうと思います。私をして微力ながらも今日あらしめたのは良友数名の賜であります。実に朋友ほど大事な又ありがたいものはないと思います。而して、北條君は私の友人中最も私を感化切磋した所の一人であります。

明治初年、今の小学校の前身とも申すような区学校なるものが、五六か所、金沢に出来ました。その優等生が十数名、当時の知事内田政風殿から御褒美を貰いました。北條君も私も其内に居りました」。

粂次郎は記憶力が優れ、毎晩夜遅くまで勉強したので、つねに成績は抜群であった。とくに数学において他の生徒の追随を許さなかったことは、土岐と、後に上京して三叉学舎で学友となった平沼麒一郎（第35代内閣総理大臣）が証言している。幼少期からの趣味は読書であり、「本の虫」と言えるほどだった。近辺の人たちはこのような粂次郎を見て、神童とはこの様な子供を言うのかと噂した。

金沢藩では、明治三年（1870）に学制改革を行って、市中に五校の「小学所」を設置して四民（士庶）平等に教育を受けられるようにした。さらに翌年の廃藩置県後に、小学所は石川県区学校と称されるようになった。各学校の数名の優等生が、当時の石川県令・内田政風から賞を授けられたが、粂次郎もその中に入っていた。

一度決めたら徹底的にそのことに熱中し、一途になる粂次郎の性格は、生涯変わらなかった。学業においてもまた然りで、彼はいかにも淡々と勉強をしていたので、将来の抱負が那辺にあるのかは未知数であった。

2　生徒でありながら友人たちを指導

初代石川県令・内田政風

粂次郎が元服して時敬と改名したのは明治五年（1872）である。元服したときまでに、北條時敬は、父が亡命中であることを知らされていた。

時敬には北條時良という兄がいた。兄が何をしていたのかは不明であるが、加賀武家由緒の中に、「明治三年先祖由緒」と表記された所に北條時良署名の一冊がある。そこに父である北條助の消息を知る手掛かりが記されているとしても、真相は不明である。北條家は明治維新に先立って尊王方についたために、前田藩から糾弾されて追放されたので僧侶となって逃れたという話が真相に最も近いように思われる。もとより、時敬は父が僧侶になったことを確信していたと思われる。

時敬は区学校の成績が優秀であったので、県令の内田政風から金沢英学校へ入学を推薦された。明治六年（1873）、満年齢で一五歳のときであった。

頭脳明晰な時敬は、翌年には金沢英学校助啼（現在の助教）に抜擢されている。生徒でありながら、教師として友人たちに教えるのである。県からは給付金が下りていた。いわば公務員扱いである。このような事態は今日の常識では考えられないが、成績優秀な生徒であれば問題ないと当時は考えられていた。

明治九年（1876）、金沢英学校は金沢啓明学校と名を変えて開校され、北條も同校に移籍する。金沢啓明学校でも助啼となり、ここでも友人たちを指導した。翌一〇年には月二円の俸給を受けた。

このころの北條時敬についても、友人の土岐僙が回想している。

「一五、六歳頃の私たち友人は、英雄を夢見ておったのであります。行住座臥ともに英雄たらんことを目標として切磋琢磨したのであります。これらに関する話題は多大でありました。

そして煩悶などほとんどありませんでした。君と遊ぶときは互いに忘我でありました。墨ころがしをして一日を費やしたこともありました。碁石ころがしを半日も続けたことも数回ありました。

北條君も私も啓明学校の公学員と称する毎月学費二円を頂く優等生に選抜され、寄宿舎に同宿しました。その頃は青年が英雄を夢見る最も意気の高い時期でありまして、今、追憶しても身内が震えるようであります。間もなく明治一一年五月、私も北條君も竹村君と三人、東京留学を命ぜられました。学費は毎月五円を給付せられました」。

土岐僙は東京帝国大学法学部に入学し、北條時敬とはまったく異なった分野に進学したが、二人とも郷土・金沢から上京してくる後輩たちの就学を助け、面倒見がよく、青年たちの勉学のためのさまざまな活動に貢献した。

土岐は後に、九州から身寄りのないままに上京した竹久茂次郎(夢二)を自宅に住まわせ、面倒を見た。彼は金沢の奥座敷と言われる湯涌温泉近くに「竹久夢二館」を創設している。

3　東京留学の辞令

英国帰りの数学の師・菊池大麓

東京の学校へ留学することを命じられた北條時敬の夢は、おぼろげながらも像を結びはじめるようになる。東京の大学で数学を本格的に勉強し、学問を積んで数学の才能を磨き、将来は数学者になって研究活動をつづけよう。とはいえ、日本にはまだ世界レベルの数学研究者は一人もいなかった時代のことである。やはり雲をつかむような話であった。

現在、金沢から東京へは新幹線で二時間ほどだが、当時の旅路は並大抵のものではなかった。金石港から船で直江津へゆき、そこから北国街道を徒歩で善光寺を経て長野に出て、さらに中仙道をたどってそのまま行くか下諏訪で甲州街道に入って東京に到着した。天候に恵まれたとしても、ほとんど一日がかり、悪天候となれば、何日かかるか予想もつかなかった。文明開化の東京は、同じ日本に住みながら金沢人にとっては「外国」であった。上京するおりの北條時敬の昂揚感は、当時の洋行者たちに匹敵するほどであった。

この間の消息は、北條時敬より九歳年下で五十年来の友人となった平沼騏一郎の思い出を紐解くと、うかがうことができる。

津山藩出身の平沼が北條に出会ったのは、明治一一年ころであり、平沼は本所蠣殻町の三叉学舎で学んでいた。

三叉学舎は蘭学者の箕作秋坪《みつくりしゅうへい》が主宰した私塾で、福沢諭吉の慶應義塾と並び称される洋学塾だった。箕作が津山藩出身であったので、同郷の平沼はこの塾に通うようになった。そこへ北條時敬がはるばる金沢からやってきて、ふたりの交友が始まったのである。平沼は北條が傑出した人物で、とくに数学の才に優れているとの前評判を耳にしていた。ふたりは囲碁仲間ともなり、平沼との関係から、後年の北條時敬は諸々の政治的活動の中心で動くようになった。

当時、三叉学舎では箕作秋坪の息子である菊池大麓が教鞭をとっていた。菊池は英国に留学して洋学を徹底的に学び、帰国したばかりであった。北條時敬は彼から高等数学を徹底的に学んだ。それは、かなりハードな勉強だったであろう。

その後、北條は二二歳で東京帝国大学三学部予備門に入学した。そこに、竹馬の友であり、啓明学校時代の同級生でともに石川県の給付生となった土岐僙もいた。土岐は法学を志望して、後に実業家になっている。

北條時敬の成績は群を抜いていて、常にクラスの首席を通した。とくに、数学は講義を聴く必要がないほど抜群であったと言われる。数学を指導したのは、東京帝国大学理学部物理学科から独立した数学科の初代教授となった菊池大麓であった。

菊池大麓は満一一歳の時に江戸幕府が派遣するイギリス留学生の一員に選ばれ、ロンドン大学ユニバーシティ・カレッジの付属高校に入学したが、わずか二週間後に江戸幕府崩壊のために急遽帰国、志半ばでイギリスを離れた。明治三年、明治政府からイギリス留学を命じられ、再びイギリスの高校に入学、大変な努力のすえ首席で高校を卒業した大麓は、ロンドン大学とケンブリッジ大学の二つの大学に合格した。二二歳で帰国すると、父・箕作秋坪の営む三叉学舎で数学と英語を教え、東京帝国大学理学部数学科の教授となったのである。

菊池大麓は安政二年(1855)生まれ、安政五年生まれの北條時敬とはたかだか三歳しか離れていなかった。彼は箕作秋坪の二男だが、夭折した長男を除き、三男の箕作佳吉、四男の箕作元八いずれも欧米に留学して、それぞれ数学、動物学、歴史学の学者となり、子々孫々にいたる学者一族を形成した。とくに大麓は幼少から頭脳明晰で、わずか九歳の時から、江戸幕府が設立した洋学の学校・開成所（東京帝国大学の源流）で、「英学稽古人世話心得」を命じられ、年上の生徒にも英語を教えたと言われている。

北條時敬の猛勉強ぶりは、寝る間も惜しむほどであった。睡眠はナポレオン並みに平均三、四時間。しかし眠りは深く、十分にリフレッシュできた。彼の持論は「少眠は即ち長生きに通ずる」であり、夜の二時以前に眠ることはなかった。

下谷池之端に斉藤書店という本屋があった。「本の虫」でもあった北條は休日になると、一日中その本屋で暮らした。蔵書の数はどんどんふえ、生活費も書籍購入のために大部分費やされた。お堀の池を優雅に行き交う白鳥は、いかにも美しく何の苦も無く滑っているように見えるが、水面下では必死になって足を動かしている。孤高の白鳥は、たえざる努力を水面下に隠して人の眼を奪うのである。

明治一八年（1885）、二七歳になった北條は、東京大学理学部数学科を卒業した。卒業生はたかだか二名であった。

石川県の給付生であった北條は、大学卒業と同時に石川県専門学校の教師に任ぜられた。俸給七〇円。かつて自分が学んだ母校で後輩を教えるために、帰ってきたのだ。

石川県に奉仕する義務を負った北條だが、本音は東京帝国大学で数学を極めたかったことであろう。三歳しか違わない師・菊池大麓のもとで徹底的に研究生活をして数学の本質に到達したかったはずである。

彼の古武士のような気質は、一つの問題を徹底的に極めつくす数学研究に向いていた。金沢に帰らず、イギリスないしはドイツやフランスに留学していたら、どんな可能性がひらかれていたかと、惜しまれてならない。

しかし、彼は石川県に給付金の免除を願い出て外国留学の許可を得ることなど到底できなかった。

それは、運命というほかない。その道程は、幕末の加賀前田藩の破綻の時点で定まっていた。遠来の加賀藩藩士ゆえに追放され、顔もほとんど覚えていない父。母の実家で不自由なく育ったとはいえ、菊池大麓の生育環境とはあまりにかけ離れた身の上。彼はこうしたことを決して人に告げることはなかったが、その心情のどこかには虚ろな穴が開いていたことであろう。

その穴を克服したのは、帰還した故郷で出会った「禅」の無常の思想であった。

4　故郷の学校教師

当時の学士は「故郷へ錦を飾る」と言われたほどに特別な存在であった。故郷の誉れとなった北條時敬は、金沢の人々に温かく迎え入れられた。

彼は、石川県専門学校で給付生としての三年間の義務を果たすべく教鞭をとった。本来の夢とは異なる道ではあったが、新卒の教師を慈愛にみちた母のように迎えてくれた故郷の日々は格別であったようだ。彼はここでの三年間の教師生活を後々までも思い出して懐かしむのであった。

石川県専門学校の北條時敬のもとには、後に日本の知的象徴として君臨することになる西田

石川県専門学校の教え子たち
鈴木貞太郎［後列左端］、木村栄［後列中央］、藤岡作太郎［前列右端］
（金沢ふるさと偉人館提供）

幾多郎（哲学）や鈴木貞太郎（大拙・宗教学）、藤岡作太郎（国文学）、木村栄《ひさし》（天文学）、山本（旧姓金田）良吉（英語）、井上友一（法学）、松本文三郎（仏教哲学）などの俊秀たちがやってきた。

なかでも、西田幾多郎、鈴木貞太郎、藤岡作太郎の三人は、「加賀の三太郎」として名を馳せた逸材だった。藤岡作太郎の家系は、長男の藤岡由夫は原子物理学者、次男の藤岡通夫は建築史家、孫（由夫の子）の藤岡知夫はレーザー学者、曾孫（知夫の子）の藤岡幸夫は指揮者になるなど、さまざまな分野の俊才をうみだしている。

北條先生の授業は極めて厳しく、とくに数学は厳格で学生には一言の弁解も許さなかった。数学の好きな学生ですら、時に辟易するほどの熱の入れようで、解答を求められた学生は黒板の前に立たされて問題を解くまで許されない。黒板の前で立ち往生してはなはだしい面罵を受けた学生は、ついには真っ青な面持ちで「人には適不適がある。自分はずいぶん勉強しているつもりだが、できないものはできない、それほど叱るのはけしからぬことであります」と憤慨して抗弁した。

先生は苦笑いしながら、学生の言うことに耳を傾けた。北條は数学ばかりではなく、英語にも堪能で、学生から文句のついた英語の教師の代わりに英語の授業も引き受けたり、絵画の教師と折り合いが悪い学生に図学を教えたりした。

何でも教えることのできる北條は、毎週二五、六時間も授業を受け持っているのではないかと思われるほどの精励ぶりであったと松井喜三郎（海軍兵学校を皮切りに武蔵高等学校の教授を歴任）は当時を回想する。

おとなしい学生も耐え切れず逆に居直って、先生の面罵に対して憤慨して教室を飛び出すこともあったようである。北條先生の授業が非常に厳しく何を言っているのかわからないような部分もあったが、その反面、日常においては生徒たちに優しく、理解があり、学生たちの悩みに熱心に耳を傾けるという、カウンセリングのようなことも行った。厳しい数学教師ではあったが、生徒の身になって真剣に耳を傾ける北條先生は、生徒たちの憧憬の的となった。

自らも教育の道に進んだ山本良吉は、北條先生の教え方は次のようなものであったと話す（「北條先生感恩記」『尚志』109号付録）。

「その講義の有様を見ていると、口と手と身体とが一つになって働く、生徒に分からせようとするのでもなく、説明して聞かせようとするでもなく、渾身ただ一の講義となってしまっている。学生はそれを聞きながら理解できなくても熱心に聞き、いつの間にか理解している。熱心に聞こうとは思わないでも自然に講義に引き込まれる。生徒が出来ない問題があると近寄ってきて、まず問題の意味を問われ、それからそれを解くべき方法を生徒に言わせるために、解き方を引き出すような問いを発せられる。その問いがわかることもある。わからないこともある。而して、問題が出来た場合、先生には〈それ見よ〉との気持ちは在られても苦虫をかみつぶしたような顔つきで他の方へ去られる」。

北條先生の試験は、問題用紙を皆に渡して、そのまま教室から去ってしまい、時間になると「どうかね」といった顔つきで一同を見渡す。カンニングは当然行われた。ある時、答えが寸分たがわぬ答案用紙を見て北條先生が猛烈に怒っていると他の先生から告げられ、クラス一同、顔を見合わせ沈黙した。答えを教えてもらう者も悪いが、教えるのはもっと悪い、言語道断であるからクラス全員落第！　という剣幕だそうである。皆、面を伏せ、誰も手を挙げて自分がやりましたと申し出るものはない。

そのうち誰が言うともなく、皆は反省し、これは自分たち全員が悪い、見て見ぬふりは最も悪いと言い出して、クラス一同は先生の御宅に平謝りに行った。

どうやらお許しが出て一件落着したが、再び試験のときに、先生は教室から姿を消した。すでに北條先生の教訓は生徒たちの身に沁みついていた。それ以後、いかに先生が不在でもカンニングするなどの行動はなくなった。

北條先生が教えていた教科目は、現在の中学生には非常に難しい数学の問題である。当時の授業のノートを秘蔵している生徒のノートを見ると、恒等式論と極大極小論など、今の高校生にとっても難しい問題である。しかし北條は数学の基礎論をなるべく早く教えて理解させ、その面白味を感得させることが教育の在り方であるとした。非凡な頭脳の持ち主ならではの授業の魅力を、教え子たちは追想している。

厳格な先生であったが、生徒たちにはとても親しまれた。教室外の先生はじつに気さくで、学生たちを自宅に招き、法律や絵画、時には文学などを語り、学生たちの教養を高めた。遠足に付き添い、当時はやったベースボールに参加した。先生はマスクもミットもつけず、捕手の役を引き受けた。打者が誤って捕手の頭を強打してしまい、人事不省に陥って病院に運ばれたこともあった。

入院の翌日、西田幾多郎が見舞いに行くと、先生は小さな声でまず「M君（投手）には気にしないよう伝えてくれ」とだけ言った。教室では恐ろしい先生であっても、ふだんは自分のことより学生たちのことをまず心配する、きわめて人情肌の先生であった。

手取川で水泳をすれば先生も加わって生徒たちと共に泳いだ。当時の学校のクラスの人数は十名程度であったから、非常に家族的なまとまりがあった。

北條の教育信条はこのように教室内外で生徒と接しながら品性陶冶をはかるものであった。

生徒にとっては恐ろしい先生であると同時に、親しみがあり、真剣に自分たちの悩みを懇切丁寧に聞いてくれる良き師であった。

こうした北條時敬の教育方法は、後に広島高等師範学校の校長になって「学生を教えるためには何が必要か」と問うた原点であり、戦前までの教育大学一般の「教育方針」ともなった。教師が学生生徒たちの生きた見本とならなければならないという信条こそ、北條教育の本質である。

5　西田幾多郎、書生になる

優秀な学生たちのなかでも、西田幾多郎との出会いは格別であった。

西田幾多郎の祖父・新登《あらのり》（石川県河北郡宇ノ気村の十代目十村役《とむらやく》）は学問への憧憬が強く、自らも多くの書籍を持ち教養の高い村の長であった。その後を継いだ父・得登《やすのり》の長男として生まれた幾多郎は宇ノ気村の長になるべく期待されていたと思われる。

幾多郎の長女・彌生は父の故郷や祖先について次のように語っている。

「父は北陸の雪深い一寒村、金沢から一時間ほど能登半島に向かって汽車に乗り河北郡宇ノ気村の森というところで生まれました。海辺とは言いながら冬は深く雪が積もり囲炉裏の生活が続く。春の雪解けと共に桜桃の花が咲く。そして夏が来て空が碧く澄むと、遠く彼方に山と河北潟が見える。この砂地の松原のさびしい村で父は少年の頃を過ごしました。

西田家の祖先というのは、豊臣の冬の陣、夏の陣のいずれかの時、主従二人この地に逃れ落ちて土着するようになったもので、その後、代々庄屋を務め、一人は長楽寺の住職となりました。父は長楽寺のお寺に並んだ小川に沿って建てられた家に生まれましたが、三つの時、隣家から出た火事で焼け出されたとのことです。父の六つの頃に小川に橋のある、駅に近い土地へ移りました。この地でその当時の西田家の勢力はかなりのものであったらしくお米も三百五十石から取れたという記録が残っております……祖父母は大変学問のすきな人で、刀を差し、近隣の人に読書を教え、また村の争いを裁いていたりしたそうです。我が家にある父の幼き日生い立った家の図面に、御用所と記されてあります。父は駅に近い屋敷で、金沢へ出て勉強する日までの日を過ごしました」。

西田の父・得登は長男に学問を授けるべく、当時金沢で最も優れた教師と評判の高い北條時敬に息子の将来を託したいと考えるようになった。

彼は金沢の親戚の伝手《つて》を頼って、息子を北條時敬の住込みの書生として受け入れてもらうことにした。こうして北條家の門をくぐることになった西田幾多郎は、生涯、北條時敬をただ一人の恩師として仰ぐことになった。

西田幾多郎は北條先生に初めて会ったころのことを以下のように回想している。

私が初めて先生にお目にかかったのは、私の十六、七の頃と思う。先生が大学を出られて、金沢の専門学校に来られた時である。私は専門学校へは補欠で中途から入ったので、まだ学校へ入らなかった時である。……先生は玄関に出てこられて、今忙しいからというので、蒟蒻版に刷った数学の問題を渡され、これをやって来いと言う事であった。その頃先生はまだ三十歳前であったが、頭の禿げた喉仏の突出した人だと思った。それから数日して、その問題を解いて持参したら、先生が会って話をしてくださった。併しどうも沈黙な、話しにくい人で困った。私が外国に数学の雑誌というものがあるそうですがというと、本当に数学をやるものには、それを読まねばならぬものだ、しかし今君方に分かるものではないと言われた。その頃、先生は数学の教師を集めて、一週一、二回、数学の講義をしておられるがそれを聞きに来いということであった。その時の講義は微積分とデタルミナント（行列式）であったと記憶する。……それから私が高等学校に入り、先生から数学は言うまでもなく、英語の訳読も教わった。文学士の教師よりも、理学士であった先生の訳読の方がしっかりしていた。その頃、先生に教わったものの中には、後に立派な人物になった人々も多いが、その頃、先生は人物と言い、学力と言い、全校学生の景仰の的であった。当時、先生から教えを受けたものは、皆先生から多大な感化をうけた。

（『西田幾多郎全集』第19巻、付録「北條先生に初めて教えを受けた頃」）

当時の西田幾多郎はさながら神様のように北條時敬を崇め慕っていたのである。息子の心中を知る西田幾多郎の父は、感謝の思いから、北條時敬を歓待しようと宇ノ気海浜に招いた。北條の日記には、「明治十九年四月十八日、宇ノ気村に桃花を賞す。西田氏酒肴をもうけ花下に張宴す」と記録されている。

明治二〇年（1887）、石川県専門学校は第四高等中学校となったが、その時の初代校長は薩摩人の柏田盛文で、薩摩出身の職員を引き連れて就任した。職員談話会が催されたが、その折、お国自慢や酒の飲み比べなどを誇示した。北條は酒席を最も嫌った。しかしその時は意地を張って飲めない酒を飲んだ。敵愾心の故か。いやしくも学問の府である学校において職員が大酒を飲み比べるなどもってのほかであったが、かつてないほど痛飲し、帰宅後、胃の中からすべての酒を吐き戻した。北條の原則禁酒は、周知のことだったが、その時の意地の張り方は尋常ではなく、北條の薩摩勢への嫌悪ぶりを推測することができる。

6　参禅の道

明治一九年（1886）二月二八日、北條時敬は越中（富山県）斉田の雪門禅師に面接するために昼ごろ金沢を発った。降りしきる雪をかき分けて彼が雪門禅師に会ったのは、三月一日であった。その日、彼は雪門禅師に入門し参禅の希望を告げ、その夜越中の国泰寺に宿泊した。翌日から国泰寺で三回参禅する。　三月八日、「碧巌録提唱」を聞き、雪門禅師に会ってさらに参禅する。翌日、夜、「碧巌録講義」を聴聞し、その夜、雪門禅師と談話して夜の一二時にいたり帰宅する。

これを皮切りに彼の参禅は休むことなく続けられ、愛弟子や後に夫人となる近藤薛《まさき》も同行することになる。

北條が参禅した越中国泰寺

明治一九年（1886）六月二五日、北條時敬は近藤薛と婚約し、その五か月後に結婚した。近藤薛は加賀藩士で三六〇石取りの御馬回り役・近藤順信の長女として誕生し、観音院下の御歩町に住んでいた。

近藤順信には、長女の薛を筆頭に一一人の子供がいた。薛は石川県女子師範学校に学んだ才媛であり、「御歩町小町」と呼ばれる美貌の持主だった。

北條夫妻は八人の子供に恵まれた。しかし、次女を幼くして亡くし、四女は広島の地で亡くしている。薛夫人は、当時としては珍しい九六歳の長寿をまっとうした。東奔西走する夫の時敬に連れ添って歩んだ人生には、それなりの苦労もあったかと思うが、さまざまな土地で夫とともに多くの研鑽を積んだものと思われる。

西田幾多郎は、北條時敬の家に書生として住んでいたころを、以下のように振り返っている。

「先生はいつも学校から夕頃帰って来られる。夜には、先生のテーブルを真ん中に、左右に奥さんと私が机を並べて勉強する。遅くなると、先生が私にもう寝よといわれる。私が自分の室に帰って床に就いても、私の癖で時々眠れないことがある。すると、十二時過ぎごろから先生の室で琴の音が聞こえ始める。夜の更けるに従って琴の音はますます冴えてくる。その代り、先生は、誰もが知る如く、朝寝坊だ。私が学校へゆくころ、いつも先生の起きておられることはなかった。後に先生は謡曲に凝られたが、元来音楽好きであったのかもしれない」。

書生と妻を一緒にして勉強を教えるということは、ふつうは想像もつかないが、それほど薛夫人は勉強の好きな女性であったのであろう。後に東北帝国大学総長となった北條時敬は、日本で初めて女性の帝国大学入学を実現させることになった。

7　印号「廓堂」

北條が禅に傾倒した経緯は詳らかではない。幼き頃より耳にしたはずの、加賀藩から逃れて高僧になったという父に関する噂話も、何らかの影響をあたえたかもしれない。いずれにせよ臨済宗・宝勝寺が北條家の菩提寺であったことから、禅宗に入門し、まずは越中国泰寺の雪門和尚に師事し、金沢に在住中はたびたび参禅した。

結婚して東京帝国大学大学院に進学し、傍ら東京第一高等中学校の教師を務めるようになると、鎌倉の円覚寺へ今北洪川《こうぜん》禅師を頼って参禅している。参禅同行者は平沼騏一郎で、二人で東京から横浜まで汽車に乗り、あとは徒歩でいくほかない。まさに一日がかりの参禅だった。

鈴木貞太郎［中央］と長兄元太郎［右端］の家族
（金沢ふるさと偉人館提供）

しかし名僧今北洪川和尚は三年後に入寂しているので師事した時間は短い。

洪川和尚没後の翌々年にあたる明治二七年（1894）、北條は山口高等中学校へ赴任した。二年後には山口高等学校と改称された同校校長となるが、山口では私淑するほどの禅師に出会わなかったため参禅は一時中断する。

山口に四年間滞在した後の明治三一年（1898）、金沢の第四高等学校に校長として赴任する。ここで、山口から西田幾多郎を四高によびもどし、西田と共にふたたび国泰寺の雪門和尚のもとで座禅を組むようになった。

北條が参禅した寺は全国各地に数多くある。越中国泰寺を皮切りに、鎌倉円覚寺、興津清見寺の真浄和尚、佐賀天龍寺の滴水和尚、岐阜瑞龍寺の禪外和尚に師事した。晩年には松島の瑞巌寺の盤龍和尚のもとへ薛夫人と参禅した。

最も関係が深かったのは鎌倉円覚寺の洪川禅師で、北條は「竹�《ちくう》」という居士号を授けられた。しかし、北條は岐阜瑞龍寺の禪外和尚から授かった「廓堂《かくどう》」を好んで用いた。

第一高等中学校教授時代の盟友であった平沼騏一郎によれば、北條は禅に接する前からすでに解脱しているような性格だったので、禅を学ぶことに何ほども苦労もなく、ごく自然に禅道を歩み、進歩の度合いは並みはずれていたそうである。

西田幾多郎が北條時敬の家に書生として家に住み込んでいた時、同級生の鈴木貞太郎と「禅学とは一体どんなものなのか」と尋ねたことがある。北條は「脇腹に刀を突き立てるくらいの気持がなければだめだ。それほどの覚悟がいる修行だ」と返した。北條は二人の教え子に白隠禅師の『遠羅天釜《おらてがま》』を一冊ずつ差し出した。このような日々の積み重ねによって、二人の若者の精神土壌は肥沃なものになっていった。

「禅とはすべての煩悩を廃し、全き無の境地に入り、うやむやの明利を離れて純潔大剛の意志の湧き起るなり」というのが北條の禅学であった。

北條に誘われて禅の道に入り、後に住友総理事となった金沢啓明学校以来の親友・鈴木馬左《まさ》也《や》（第三代住友総理事）は、「北條は生まれながらにして禅なのだよ」と評した。北條が同僚や部下、学生たちに話す訓話や講話の根底には必ず禅の精神があった。

北條は毎日日記をつけていた。現代人にとってはきわめて分かり難い漢文調のものであるが、教え子の西田幾多郎と山本良吉によって編纂された『廓堂片影』（教育研究会 1931）は今日においてもなお、明治維新から大正時代の初めにかけて多くの人を教導した数学者にして教育者であった北條時敬の精神の内奥を垣間見せてくれる貴重な資料である。

8　剣道・無刀流

無刀流の開祖・山岡鉄舟

日本の武術は、「剣道」を抜きにしては語れない。戦争のない江戸時代に磨かれた剣道は、武士にとっては生死をかけた究極の護身術である。

さまざまな流派があるが、北條は山岡鉄舟の「無刀流」を好んだ。無刀流は当時としては古風で、あまり洗練された流派ではなかったが、彼は心身育成のためになると四高時代から学生たちに薦め、剣道部を創設させた。自分も学生たちと共に剣道に励み汗を流した。剣道の修行は禅の修行と同じくらい北條時敬にとって大事な心身鍛練の場でもあった。

無刀流は太くて短い竹刀、頑丈なごつごつした白道具、特別に分厚い籠手、何の飾りもない荒っぽい稽古ぶり、腹から突き上げて出る雄叫びなどが特徴で、他の流派とはいささか趣を異にする。

北條は、心正しからざる者の剣は邪剣となる、心を正して正しい剣をめざせ、とうながした。明治三五年（1902）、北條は広島高等師範学校校長として赴任すると、剣道場を特設し、「春風館」と命名した。春風館の正面には、無刀流の極意を伝える「電光影裏斬春風《でんこうえいりにしゅんぷうをきる》」の書家による額が掲げられた。

その後、東北帝国大学総長、学習院院長となったおりも、道場を特設して両校の学生たちに「無刀流」を奨励した。

道場訓は「〈竹刀〉を〈真剣〉と考えて稽古せよ」である。

東北帝国大学総長時代、広島高等師範学校の剣道部が仙台に試合を申し込んでやってきた。かつての教え子やその後輩たちと創部まもない東北帝国大学の学生たちとの果し合いに、北條はことのほか満足げであったという。

第三章

東京帝国大学大学院生にして
第一高等中学校教授

1 第四高等中学校生の抵抗

給付生の任務として石川県専門学校／第四高等中学校での三年間の勤めを終えた北條時敬は、東京帝国大学大学院に進学すべく、後任の数学教員を探し始めた。

第四高等中学校を辞職して大学院に進学した北條先生について、学生たちは噂し合った。北條先生は第四高等中学校創立時に就任した薩摩藩の校長、教員、事務職員すべてに嫌悪を覚え、抗議の意をこめたのではではないだろうか……。

時の文部大臣で薩摩人の森有礼は、金沢に薩摩隼人の教育を導入すべく、鹿児島の県会議長をしていた迫田盛文を第四高等中学校初代校長に指名した。迫田の連れてきた幹事たちは、み

薩摩藩出身の文部大臣・森有礼

な薩摩人で警察官などをしていた者たちである。

石川県専門学校時代には、師弟の間に親しみがあり、温かい家庭的な雰囲気のもとに、学業を超えた人間的交流があった。第四高等中学校創立後は、日本を代表するような天下の学校を標榜して、家族的な校風は一掃され、規則づくめで武断的な統制が徹底されるようになった。

石川県専門学校は、学芸に優れ、進歩的な思想を抱いた学生たちの集まる学校として名を馳せてきた。第四高等中学校となってやってきた教授のなかには、学生の目から見ても学力不足のうえに人間的にも狭量な者たちがいて、学生たちはことごとく反発した。北條時敬が去った後、成績は優秀でも素行が悪いことを理由に落第させられる学生が続出した。

薩摩人による強権の徹底の背後には、明治新政府発足当時からの加賀藩に対する憂慮があったと思われる。とくに明治一一年（1878）、「紀尾井坂の変」で大久保利通を刺殺したのが旧加賀藩士の島田一郎たちであったことも目の敵にされる理由となった。加賀出身であるかぎり、いかに優れた頭脳の持主でも、文部省が定める人事からは除外される傾向にあった。

明治二〇年（1887）一〇月二六日、第四高等中学校開校式に臨席した文部大臣・森有礼は次のような祝辞を述べたとされる。

「新日本の文明は王政維新の結果である……能くこれを輔け奉ったのは薩長の旧藩士である。

所が加州のごときはどうであったか。殆ど貢献するところがなかったではないか。考えても附甲斐ないという感じが起こるであろう。ここに高等学校を設立したのは、すなわち加州の人物を造る為である」(『近代文学研究叢書』一)。

これでは祝辞というよりも恫喝、薩長一派の進駐施政方針演説である。怒りを押し殺して聞いていた聴衆のなかには、剣を抜いて切りかかろうとする者もあったという。かろうじて間一髪、賀田金沢連隊長が止めに入り事なきを得たと『近代文学研究叢書』は伝えている。

森有礼は、開校式の二年後の明治二二年(1889)、四三歳の若さで国粋主義者の青年に暗殺された。

北條時敬が東京へ去った一年後、西田幾多郎、山本良吉らが教師と衝突して退学した。彼らは北條先生が在籍している限り、師とともに耐えることができたが、先生去りし後の第四高等中学校に何の未練もなかった。

2　山本良吉、西田幾多郎の退学

西田幾多郎、山本良吉が突如退学した事情については、八田三喜の「山本良吉君の思い出」に詳述されている。

「この事件は明治二十二年に本科生が迫田校長に文学士でその専門外の英語の担任に不満を訴えたのであった……この教授は石川県専門学校時代からの教師で政治や地理、経済を教えていた……一夕、上級生を招いて晩餐を共にしながら、談笑した折の事、先生はやおら、諸君は校長に何か言ったそうだね、私の英語では駄目だとか……とざっくばらんに言ったのである。一寸、座が白けかかったので、二三のものがそれほどでもないと言ったのに対して、山本、西田君

薩長支配に反発した若き日の
西田幾多郎［後列右から二人目］と
山本良吉［前列右端］、藤岡作太郎
［前列左端］（1899）

は〈いや 先生の英語では……〉とはっきり言った。先生は、校長が信任している教師が不服なら、満足できる教師のいる学校へゆくのが良いと笑いながら言った。先生は、普段通りに磊落な流儀で納めるつもりであったらしかったが、山本、西田両名は、翌日退学願書を出したのである」。

文中の英語の担任とは、第一外国語の教員であった本間六郎のことである。英語が得意な山本良吉は、本間六郎の英語を嫌っていた。本間六郎は薩摩藩の人ではなく静岡に生まれ、東京帝国大学文学部政治学及理財学科を卒業している。

この二人の優秀な学生は、北條時敬とその後も深い交流を重ねていくことになる。山本良吉は、北條時敬の支援をえて、武蔵高等学校創立のために尽力し、同校で英語を教え、第三代校長となった（第九章）。

祖父・西田幾多郎の伝記を書いた上田久は、山本良吉の伝記も著している。彼の『山本良吉先生伝――私立七年制武蔵高等学校の創成者』（南窓社）によれば、山本良吉は北條時敬の英語の授業を受けたことで、北條先生の学識に傾倒するようになったという。

北條時敬に憧れ、北條の家に書生として住み込んで数学を教わっていた西田幾多郎にとって、北條に学ぶ数学こそが重要だったように、山本良吉にとって、北條に学ぶ英語こそが最も価値のあるものであったのだろう。山本良吉はクラスで最も優秀な生徒であったが、数学だけは不得手だった。

四高の文芸サークル「我尊会」の面々
西田幾多郎［後列右端］、山本良吉［後列左より2人目］、藤岡作太郎［前列左端］(1890)
(石川県西田幾多郎記念哲学館提供)

3　大学院進学までの経緯

第四高等中学校の後任を探している北條時敬の目にとまったのは、東京帝国大学理学部数学科の三年後輩の、今川覚神《かくしん》だった。彼は石川県小松市今江町願勝寺に生まれ、幼少から漢学、数学、英語を学び、明治一四年（1881）に東本願寺から東京留学を命じられた。北條時敬に声をかけられたのは、東京帝国大学を卒業し、第一高等中学校の数学、物理の嘱託教員になったばかりの時だった。

今川覚神は当初、北條の申し出を固辞していたが、彼は東本願寺の給付生であり、東本願寺が当時金沢に新設することになった金沢尋常中学校の校長就任の要請を断るわけにはいかず、やむなく金沢に戻ることにした。金沢尋常中学校の校長職のかたわら、第四高等中学校の授業を少しの間なら引き受けるという条件付きで、北條の招請を受け入れた。

今川覚神は第四高等中学校の数学の教授として学生を長い間指導することになった。そのかたわら、彼は清沢満之《きよざわまんし》らとともに、東本願寺の改革運動を推進したことでも知られている。また、加賀藩の洋学・砲学・海洋学の師範だった佐野鼎《かなえ》が開いた共立《きょうりゅう》学校を母体とする共立尋常中学校（現開成中学校・高等学校）の校長ともなった。

綱渡りのような人事ではあったが、明治二一年（1888）、北條は東大大学院に入学し、今川覚神の第四高等中学校転出により空席となった第一高等中学校の数学・物理の担当嘱託教員となった。嘱託教員の俸給は四〇円であったと北條の日記には記されている。

4　菊池大麓と藤沢利喜太郎

北條時敬が東京帝国大学学部生として数学を学んでいたとき、三歳年下の藤沢利喜多郎という学生がいた。北條は卒業すると金沢の郷里に帰って石川県専門学校の教師になったが、藤沢は菊池大麓からドイツの大学でさらに数学を勉強するようにすすめられた。彼は、当初はイギリスのロンドン大学に在籍したが、半年でドイツのベルリン大学で一年間数学を学んだ。その後、シュトラスブルク大学（現ストラスブール大学）でさらに数学を研鑽して学位論文「熱伝道論に現れる、超越方程式の根により展開される無限級数について」を執筆、理学博士の称号を取得する。その後またベルリン大学で過ごし、明治二〇年（1887）五月に帰国。同年六月から東京

高木貞治の師・藤沢利喜太郎

帝国大学理科大学教授に就任し、解析学を担当した。

藤沢利喜太郎は文久元年（1861）、新潟県に生まれた。北條と同じ北陸の出身である。藤沢は新潟県の生地で小学校教育を受けるが一三歳の時に上京し、東京英語学校に入学、開成学校を経て、明治一一年に東京帝国大学に入学し、物理学、数学、天文学などを幅広く学んだ。

藤沢利喜多郎は数学関係では初めて本格的な論文を執筆し、ドイツで理学博士となり、ドイツ流のゼミナール方式を数学研究のために導入し、後に日本を代表する数学者・髙木貞治などの優秀な後輩を育てた。

藤沢は、数学や物理学を厳密に学ぶことは、中等教育の段階からはじめるべきとして、中等教育のための教科書を執筆した。

さらに藤沢は国体維持のための生命保険制度を構築するために、数理統計学を活用した。また、第一回の普通選挙の統計的分析も行い選挙制度に関しても提言している。彼は数理統計学を社会に生かすために用いた最初の数理統計学者であり、データ解析の先駆者でもあった。

藤沢が菊池大麓に数学を学んでいた時、北條時敬も彼の上級生として菊池大麓に数学を学んでいた。しかし、藤沢と北條の接点は見つからない。

北條時敬が大学院に入学した時には、本格的に数学を学ぶために外国留学も念頭にあったであろう。ただし大学院に入学した時、すでに彼は三〇歳を超え、結婚して子供（長女・茂）もおり、しかも第一高等中学校の教師を兼務するという環境にあった。留学する意志は強くても必ずしもそれがかなえられる環境にはなかった。しかも、後に述べるように、北條は第一高等中学校で彼の運命を決定的に左右する人物と出会うのである。

5　西田幾多郎の東京帝国大学選科入学

ラファエル・フォン・ケーベル

西田幾多郎とともに退学した山本良吉は、地元の石川県立尋常中学「大谷中学」の教務嘱託となり、英語と地理を教えた。その頃、山本良吉の英語の授業を受けた暁烏敏《あけがらすはや》（仏教学者）は、以下のように先生のことを記している。

「山本先生は一番若い先生であったが、生徒は皆先生に服していた……先生の英語の教え方が随分厳重であったので、ある時の弁論会で、私は先生の様に英語を教える人は売国奴であると罵倒した。そして英語を勉強しなかったので一年落第した……先生を売国奴と罵倒して勉強しなかったが、先生は認めていて下さったようである」（上田久『山本良吉先生伝』）。

いっぽう西田幾多郎は、北條先生の後を追うように明治二四年（1891）、東京帝国大学文科大学哲学科選科に入学した。選科というのは正式に高等中学校を卒業できなかった学生や家庭の事情で高等中学校に進めなかった学生が入学するところで、本科生とは異なり、格の低い扱いを受けていた。

西田によれば、その差別待遇は半端なものではなかった。例えば、図書館に行けば選科生は廊下に並べられた机で勉強しなければならなかった。本科生は書庫に入って書物を探すことができるが、選科生には許されなかった。選科生の課程を終えても卒業生と名乗ることはできなかった。

西田がこうした格差への不満を北條先生に訴えると、滅多に叱られたことのない先生に、「正式に試験を受けて本科生になれ！」と一喝された。選科などは学業の遅れた者の入るところであって、今からでも遅くはないから正式に試験を受けて大学に入学せよという。

西田が数学ではなく哲学を選択したさい、北條先生から、哲学は数学と異なって感性的に研ぎ澄まされた心がなければうまくやってゆけない、

「君にそのような感性があると思うのか？」と問い詰められて困惑したこともあった。

しかし、選科で冷遇されながらも、西田は自由に自分の好きな勉強ができることに喜びを見

出した。気高く矜持をもって「哲学」を学ぶことに意義を見出した。彼はドイツ語を多く学び哲学者の思想をかみしめながら、自らに問いかける。われは何故ここに在るのかと。学問を楽しむ境地にまで到達したのは選科における三年間の自由な勉強のおかげであると後になって回想している。

選科三年生のころ、哲学科にドイツからラファエル・フォン・ケーベルが赴任してきた。ケーベルは、日本人はなぜ翻訳書で哲学を勉強するのか、古典語（ギリシア語、ラテン語など）を読まずに西洋哲学の本質を把握できると思うのかと、日本の哲学教育に疑問を呈した。

西田がケーベルにアウグスティヌスの近代語訳がないかと尋ねると、なぜラテン語を読まずに翻訳で済まそうとするのかと問い詰められた。

西田はドイツ語に堪能なので、ドイツ哲学の原書は比較的容易に読めたが、ギリシア語やラテン語を教えてくれる教師がいなかった。ラテン語を読める学生も稀にはいたが、それは独学であった。

哲学科の二年下のクラスには、桑木巌翼《げんよく》、姉崎正治、高山樗牛《ちょぎゅう》といった「二九年の天才組」と言われた面々がいた。優秀な彼らでさえもさすがにギリシア語、ラテン語には苦労せざるをえなかった。

いかに選科生とはいえ、勉学する気にさえなれば、本科生とも切磋琢磨する環境には恵まれていた。

選科生には、卒業証書というものがない。修了書だけである。西田は東京帝国大学選科生終了の書面と共に金沢に戻り、尋常中学校七尾分校の教師に収まり、得田寿美《ことみ》と結婚した。間もなく父と妻の折り合いが悪くなり、寿美を離縁して単身山口高等学校に赴任した。第四章で述べるように、北條時敬が山口高等学校の校長であった時に、不憫な教え子を山口に呼んだのである。

北條が山口高等学校から四高校長になった時に、再び西田幾多郎は山口から金沢へ呼び戻されたのである。すでに父は逝去しており、寿美と復縁して故郷の金沢へ四高教授として招聘されたことは西田にとって望外の僥倖であったであろう。

その後、北條は広島へ赴任するが西田はほぼ十年四高にとどまった。その後学習院に勤務するも肌が合わず、京都帝国大学文科大学の助教授をへて三八歳で教授に就任した。三木清や西谷啓治など、東京の一高に進学せずに西田に師事するために三高へ入学し、京都帝大へ進学した学生も相次いだ。また、西田は自らの後任として、東京帝国大学で数学から哲学に転科して卒業し、東北帝国大学講師をつとめていた田邊元を助教授として招き、京都学派を形成した。

北條時敬同様に、西田幾多郎には順風満帆とはいえなかった経験から体得した、自ずと人の心を惹きつける威徳が備わっていた。

西田は学生たちに折りにふれて「学問の主流は金沢から出ている」と言った。その胸中には、北條先生と過ごした金沢での日々が去来していたにちがいない。

6 第一高等中学校の同僚

東京帝国大学大学院で学びながら第一高等中学校の教師を兼務することになった北條時敬は、薛夫人と前年生まれたばかりの長女を伴い上京した。住宅を本郷に構え、東京帝国大学大学院に籍を置きながら、第一高等中学校で今川覚神のあとを継ぎ、嘱託として数学、物理学を教えた。第四高等中学校在職中の俸給は七〇円であったが、第一高等中学校の嘱託の俸給は四〇円であった。これで家族を養わねばならないので、満足に書籍を購入して読むことはできない。

彼は、図書館はもとより近所の書店で立ち読みをしながら、日々を読書に費やした。大学院

北條を教育界に引き込んだ岡田良平

では物理教室の一室で、同じ大学院生であった長岡半太郎（物理学者）と二人で机を並べ、トムソンとテイトの『自然哲学論考』を解読していた。二人の大学院生の脳裏には留学への思いが渦巻いていたに違いない。

長岡半太郎と同じ志を持ちながら、北條時敬が彼と同じ道を歩まなかった事情は、北條の交友関係をみると理解できる。北條の周辺には学問研究を追求しようとするよりも、早急に国家を立て直し教育の充実を図らなければ、西洋諸国に伍すことはできないという危機感を共有する友人たちがいた。彼らはまず学校制度から立て直し、全国に一般庶民でも高等教育を受けられる場、すなわち高等学校や大学を創設することが肝心であると考えていた。

そうした友人たちは、後に政治家になって国家を動かすようになる。さらに、故郷四高時代の教え子であった井上友一（四高から東京帝国大学法学部へ進学）と相談して、全国から集まってきた東京帝国大学、大学院の学生たちに呼びかけて、毎月一回、読書会を開いた。平沼騏一郎（岡山出身、司法官僚、政治家）、早川千吉郎（金沢出身、官僚、実業家、政治家）や織田小覚《しょうかく》（金沢出身、官僚、蔵書家、前田侯爵家学事顧問）なども客員として北條時敬の家に集まり、わずかな会費を集め、吉田松陰や梅田雲浜など勤皇の志士その他の言行録や著書を購入しては輪読して、時事国事を談論しあった。北條時敬が大学院当時に知り合った友人、知人は第一高等中学校の同僚を含めて、皆、当時の日本国を背負う気宇壮大な理念と愛国心に燃えていた青年たちであった。

これほどに多忙な日々であっても、北條は相変わらず、多趣味で囲碁、謡曲をたしなみ、鎌倉円覚寺の今北洪川禅師のもとで禅道修行に励んだ。

毎日が充実した日々であり、第一高等中学校では気骨ある先生として、学生たちから恐れられていた。

多くの同僚のなかでも最も気質の合う人物が、岡田良平だった。

岡田良平は元治元年（1864）、現在の掛川市の生まれで、北條より六歳若い。東京府立一中から東京帝国大学予備門を経て東京帝国大学文科大学哲学科、大学院へ進学した。卒業後は第一高等中学校、第二高等中学校教授をへて、文部省視学官、山口高等中学校校長兼文部省参事官、京都帝国大学総長などに就任し、寺内正毅内閣で文部大臣をつとめた後に東洋大学学長となり、加藤高明内閣・若槻禮次郎内閣でも文部大臣をつとめた人物である。

岡田家は学者、政治家を多く輩出した家系であり、良平の父・岡田良一郎は、二宮尊徳に師事して師の報徳思想の普及に努めた衆議院議員である。

岡田良平との出会いは、北條の一生をがらりと変えてしまうほど濃密なものであった。北條時敬が山口および金沢の高等中学校校長や広島高等師範学校校長、東北帝国大学総長などを歴任したのは、岡田良平の推奨による。

岡田良一郎の長男として生まれた良平は、日本の高等教育の改革こそ急務と感じていた。彼は北條時敬という優れた人材を半ば強引に取り込み、教育改革を成就する仲間としたのである。その結果、北條は教育行政に深くかかわるようになった。

北條時敬の大学院時代は三七歳で終わる。三二歳で東京に出てきて暮らす間に長男・敬太郎が生まれ、二女・薫は三歳で早世という悲しい出来事もあった。

初めて日本に西洋の幾何学を本格的に紹介した『幾何学教科書』(英国幾何学教授法改良協会編、真田兵義訳、北條時敬閲1893)を、校閲者として世に送りだしたのも、この時期であった。

7　長岡半太郎の嘆息

大学院で北條の学友となった長岡半太郎

北條とともに物理学教室でトムソンとテイトの『自然哲学論考』を読んだ長岡半太郎は、六歳年上で数学専攻の北條時敬の英語の能力に感嘆した。英語の原書を通して自然科学を学ぶ醍醐味を共有できるのは、無上の喜びであったにちがいない。

また一家を支えるために第一高等中学校で数学を教えながら大学院で熱心に学究生活を続ける北條の姿にも、長岡は感銘をうけたことと思われる。

長岡半太郎は慶応元年（1865）、長崎の大村藩藩士の長岡治三郎の一人息子として生まれた。長岡家は明治七年（1874）に上京し、半太郎は本郷区湯島小学校で学んだ。父の転勤で大阪に移動し、大阪専門学校から東京帝国大学予備門に入学し、明治一五年（1882）、東京大学理学部（1886～帝国大学理科大学）に進学した。

体調不良のため一年休学し、日本人には欧米人に劣らぬ独創的見解があるのかについて悩み、漢学の道へ進むことも考えた。結局物理学を専攻することになって、当時教授であった会津藩出身の山川健次郎に学んでいる。明治二〇年（1887）に大学院に進学し、北條時敬と共にトムソンとテイトの原書を読んだ。

北條が山口高等中学校へ移動することになり、読書会は取りやめになったが、長岡は大学へ残って研究を続け、明治二三年（1890）、助教授となった。二年後に箕作秋坪を大叔父にもつ箕作麟祥の三女・操子と結婚し、その翌年、ドイツに留学した。帰国後教授に就任して以来、六〇歳の定年まで勤め上げ、　定年後は理化学研究所主任研究員として多くの業績を残した。

土星型原子モデルの提唱で知られる長岡半太郎のもとには、優秀な学生たちが集まった。とりわけユニークな弟子に物理学者・随筆家であり漱石の弟子でもある寺田寅彦や、物理学者・歌人の石原純がいる。石原純は北條時敬が東北帝国大学に総長として赴任したときは、同大助教授として海外に留学中で、帰国早々教授となり、アインシュタインの相対性理論の紹介者となった。

研究至上主義の長岡半太郎は、尊敬の念を抱きながら共に学んだ北條時敬が、各地の高等中学校の校長になって学校行政に携わるようになった立場を理解できなかった。当時の大学総長や高等中学校校長は、文部省の人選によるもので、多くは政治家だった。総長や校長になるということは、お上に従うことで、長岡の目には俗物とうつった。長岡は北條が東北帝国大学の総長になって仙台へゆくことになった時、これまで抑えていた感情を吐露した。

「北條もいよいよ俗物の絶頂に於いて大学の総長になった。あんな良い頭で何故学者にならなかったか、惜しいことをしたものだ」と嘆息した。

長岡半太郎は北條よりも長生きし、昭和二五年(1950)、八五歳で没した。彼は死の瀬戸際においてもなお地球物理学の本を広げて研究を続けていたという。北條時敬と真逆の人生を歩んだ長岡半太郎の人生が充実したものであったことは、誰にでもわかる。

北條時敬が研究三昧の生活を送っていれば、どんなすばらしい数学定理を発見したことでろうかと惜しんでやまない気持をぬぐいきれない。しかし、運命の岐路での決断は人それぞれである。教育者としての道を選んだ北條は、長岡半太郎のように研究一筋に生きる道とは決別することになった。

8　謡曲事始め

日本における古典芸術の一つである謡曲は、シテ方五流ワキ方一流が今日まで伝わっている。北條が県人会で出会った米林献吉は、金沢の加賀宝生会で宝生流の謡曲を習い、上京して東京宝生会門下に入り、門弟として最上級にいた人である。北條は米林の紹介により、東京宝生会で毎週一回の稽古日に牛込まで通うようになった。

宝生流には、東京宝生会、五雲会、加賀宝生会があり、北條は米林の紹介で五雲会系の寺尾定吉翁に師事する。寺尾翁は北條が入門した時はすでに七〇歳に達していたが、大柄で威風堂々としていた。青年期には加賀藩の武士で槍の達人であった。加賀人であるから、加賀宝生の本場仕込みで、幼少のころから謡曲の道に入り、とくに地拍子に精通し、鼓、太鼓も師範級であった。金沢在住の頃は門弟数百人ともいわれたが、宗家である宝生九郎を助けるために上京した。北條の謡曲の師匠は寺尾定吉翁のみであった。金沢人であれば、誰でも多少なりとも加賀宝生会の謡曲を習得していた。加賀前田藩の城下町には謡曲がどこからとはなしに流れてくる物静かな雰囲気があって、北條も少年時代から謡曲を習得したいと夢見ていた。金沢に住んでいる人々が茶道や謡曲に長けているのは、先祖代々からの日常の嗜みとして根付いているからである。

後に内務官僚になった大学院時代の親友織田小覚も謡曲を習いたいというので、牛込若宮町の織田邸の二階を道場として、毎週一回寺尾師範に出稽古をお願いすることにした。それを聞きつけた第一高等中学校の同僚、平沼騏一郎、岡田次郎作、白石喜之らも集まった。織田道場における寺尾師範の稽古は熾烈をきわめ、必ず一回一番を習いあげ、夜の一一時にいたることが常態となった。

その中にあっても北條は人一倍熱心で、時には早朝より道場に来て稽古を重ね、昼夜の食事も織田家の世話になり、寸時も休まないという熱烈ぶりであった。夏休みに入ってからはほとんど毎日織田道場に出かけ、午後一時から日没までの猛稽古であった。夏のことであるから浴衣は汗で汚れ、しまいには素っ裸になり、汗が滴るために床には油紙を敷いて稽古するほどであった。

織田と北條は連日連夜謡いつづけ、朝は出勤前に一番うなり、食事の暇がないので、織田夫人がおにぎりを作って差し出すと、おにぎりを頬張りながら、なお謡い続けるという熱の入れようであった。年に数回休日に大会を開催した。同志たちが午前五時に集合して夜まで謡い続け、時には太鼓などの鳴り物入りで大変な熱の入れようであった。

北條はその後、山口、金沢、広島、仙台と移動するがその都度、その土地で謡曲を伝授し、北條のいるところでは多くの人が謡曲に魅せられて謡い続けた。金沢はもとより、広島では今でも加賀宝生の流れが残っており、北條時敬愛用の鼓が大切に保存されている。

9　囲碁の楽しみ

北條には謡曲の外にもう一つの趣味があった。囲碁である。いつごろから囲碁を始めたのかは定かではない。謡曲よりも早く少年の頃であろうと思われる。師匠はなく、すべてが独学であった。平沼騏一郎によれば、素人初段か田舎二段くらいの実力であった。いわゆる囲碁の天才ではなかった。碁風は派手ではなく、手堅いうち方で、古碁といえるだろう。一石一石がじつに慎重で、定石を追って、考えに考えて石を下ろすので時間がかかる。ともかく、碁の席に着くと一切無念無想の境地に入ってしまう人であったという。

北條は相手があれば対局するが、なければ「一人碁」を楽しむことができた。しかし、同僚や

囲碁仲間・平沼騏一郎

後輩には決して囲碁を薦めなかった。

「夜更かしをする。時間が無駄になる。不健康である」からと。

謡曲と同様に囲碁に関しても書籍が相当数あり、囲碁に関する研究も並大抵のものではなかった。北條はその日の仕事を終えると部屋にこもり碁を打ち始め、時間の観念をまったく失った。ある時などは日中から打ち始めて徹夜し、翌日もまた同じように続けて碁を打つ。いつ就寝するのかを誰も知らない。薜夫人は気をもんだであろうが、頓着せず、一人でひたすら碁を打ちつづけた。

囲碁仲間の平沼騏一郎は七段だが、北條時敬は平沼に三目ほどおいて囲碁を楽しんだらしい。平沼騏一郎は法曹界で実力を発揮し、大審院検事局検事総長にまでなった。犯罪者の前科を記録するための方法を検討する「犯罪人異同識別法取調会」の中心メンバーで、これまで日本では取り入れられなかった犯罪者の「指紋」による前科登録を導入した。その後、政治家となり、第三五次内閣総理大臣となった人物である。

平沼騏一郎は津山藩藩士平沼晋の二男として生を受け、上京して同郷の箕作秋坪の三叉学舎で学んでいるときに北條に会い、東京帝国大学法科大学を首席で卒業したと言われている。彼は終生独身をつらぬいた。後に中川赳夫を養子を迎え、平沼赳夫として平沼家を相続させた。

赳夫の父は金沢市出身の内務官僚・中川友次郎の四男、中川恭四郎である。

中川恭四郎は、平沼騏一郎の兄・平沼淑郎の孫娘・飯田節子を妻としており、長男・赳夫の誕生を機に、一家養子として平沼姓となった。

終戦後、平沼騏一郎はA級戦犯となり、終身刑となるが、獄中で病にかかり仮釈放となり、その直後、自宅で八四歳の生涯を終えた。

第四章

萩の町 山口高等学校

1　明治維新発祥の地

山口県は日本海側に面し、北陸と趣は異なっているとはいえ、この地方独特の風情は加賀・金沢の武家屋敷や自然の風景と通じるところがある。

関ヶ原の合戦のさい、毛利輝元は西軍の総大将となったため、徳川幕府は毛利家を外様大名として遇し続けた。関ヶ原の合戦に敗れた後に毛利輝元が築城を許された萩の町は、日本海に面して三方を山に囲まれた辺鄙な地であった。しかしこの萩の町が、幕末期に吉田松陰の松下村塾で高杉晋作や久坂玄瑞をはじめとする個性豊かな人材を育て、幕府をゆるがすこととなったのである。

幕末の長州藩主・毛利敬親

幕末の藩主・毛利敬親《たかちか》は、幕府に無断で藩庁を山口に移し、後から移住の申請書を提出して追認させた。長州藩内は、徳川幕府に恭順する保守派と藩政改革を主張する改革派が対立し、攻防をくりかえした。高杉晋作は自らが属す改革派を「正義派」、保守派を「俗論派」と呼び、主戦論を展開した。桂小五郎（木戸孝允）、伊藤俊輔（博文）、井上聞多（馨）など、明治維新の立役者で明治政府の要職についた面々は、この正義派に由来している。

蛤御門の変で大敗し「朝敵」となった長州藩の保守派が、唯々諾々と幕府の命に従うのに耐えきれず、慶応元年（1865）、高杉晋作はついに決起して「大田・絵堂の戦い」の戦端をひらいた。大田・絵堂の地を主戦地とした長州藩内の骨肉の争いである。

正義派が勝利したことを受けて、毛利敬親は藩政改革を進め、奇兵隊を中心とした諸隊を正規軍に抜擢し、村田蔵六（大村益次郎）を登用して軍の近代化も進めさせた。まだ紆余曲折はあるものの、こうして改革を進めた長州藩と薩摩藩が手を結び、ついに二六〇年続いた徳川幕府も終焉を迎えるのである。

第一章で述べたとおり、明治一九年（1886）、帝国大学令とともに発布された中学校令により、全国の五地区に一から五の数字を付した高等中学校が設立された。いわゆるナンバースクール、略称で並べれば、一高（東京）、二高（仙台）、三高（大阪から京都に移転）、四高（金沢）、五高（熊本）

である。

山口県は、「山口」の名を校名から消される可能性を案じて数字を付すことを拒否し、「山口高等中学校」とした。当初大阪にあった三高が京都に移された轍をふむことになるのを恐れたのである。山口に誇りをもち、番号を拒否して「一高と三高と同じ年に創設された山口高等中学校」と称するのが山口県人の矜持なのであった。

山口に高等中学校を創立した時に文部省に提出した約款には、「学校の名称には〈山口〉の二字を冠せしめること」と明記されている。

2　山口高等中学校の学生騒動

北條時敬が一高から山口高等中学校へ移動することになった直接の原因は、漱石の『坊ちゃん』のモデルになったと言われる同校に生起した学生騒動にあった。

明治二六年（1893）一一月、全国的に話題になった「山口高等中学校寄宿舎騒動」と称された事件が起こった。

騒動の直接の契機は、明治天皇の誕生日の一一月三日に学校側が野外教練を実施し、学生たちが翌日は代休にしてほしいと申し入れたのにもかかわらず、学校側はこれを受け入れず、四日に普段どおり授業を行ったことにあった。生徒たちはこの仕打ちにポンプを持ち出して生徒

防長教育会を創設した
毛利元徳

監を水攻めにした。学校側は寮生全員と通学生、併せて二二六名の除名者を出し、学校はつぶれかかった。在校生はたかだか四〇名余となったからである。

この事件の背景には騒動に至る遠因があった。学生たちの陳情書の要旨は以下のようなものであった。

本校の教育は機械的であり、学生の意思を尊重せず、聞く耳を持たない。願わくは、学事評議会に学生も加えてほしい。いわく、某教師の授業は不完全である。某教師は不親切である。このような教師の教授を受けることはできない。しかも、寄宿舎に自治を許し、起臥、出入に自由を与えることを願う……。

騒動の責任を取って初代校長・河内信明は辞職する羽目になった。

河内校長を慈父のように慕っていた学生たちは、彼が辞任すると知って無念の涙を流した。河内信明は、「防長教育」と称する英才教育を推進した立役者だった。山口県の教育振興を目的とし、旧藩主毛利敬親の養子として後を継いだ毛利元徳《もとのり》の呼びかけのもと、毛利家はじめ二千五百名近い県民から多額の寄付を集め、明治一七年(1884)一〇月、日本初の民間奨学団体「防長教育会」を組織し、山口県の俊英たちの進学を支援した。東京の大学へ進学する子弟のためには、東京に学生寮を開設した。

この騒動に驚いた文部省は、参事官であった岡田良平を現職のまま、明治二七年(1894)一月、山口高等中学校第二代目校長として派遣した。

北條時敬は、岡田良平に懇請されて、二、三名の教員とともに山口に教頭として赴任することになったのである。時に北條は三六歳、岡田は三〇歳の若さであった。この二人のコンビは生徒や他の教師双方の不信を解消し、除名処分となった学生たちは全員復学を許されて事態は収まった。

同年六月、高等学校令が発布され、山口高等中学校は山口高等学校と改称された(九月施行)。

事件から三年経過して後、岡田良平は本省の参事官に戻ることになり、第三代目の校長に北條時敬を指名して帰京した。

3 山口高等学校の西田幾多郎

北條校長は西田幾多郎が石川県能登市の尋常中学校七尾分校の教諭となり、結婚して翌年第四高等学校嘱託として心理・倫理・ドイツ語の講師をしていることを耳にしていた。西田家では長女・彌生が生まれたが、父と妻・寿美の確執のために家庭内は紛糾し、ついに離婚となった。こうした西田の窮状を救おうと、北條は西田を山口高等学校に招いた。

西田は大学の選科出身者というだけで、決まりかけた職場を予科出身の者にとられてしまうという惨めな目にもあっていた。西田は北條先生に家庭の事情や自分の身の振り方を相談したわけではない。しかしことあるごとに北條は間接的に周辺の噂などを聞いて、西田の身を案じていた。

妻に去られた直後、西田はすべてを放擲して金沢を発ち、約二か月間、京都の臨済宗妙心寺に籠もった。ひたすら座禅をし、無の状態になることを望んだのであろう。この噂を聞いた北條は、妙心寺の住職虎関禅師を通して山口高等学校への召喚状を西田に送ったのである。

おそらく西田は、遠く離れた山口高等学校への就職にあまり乗り気ではなかったと思われるが、ほかならぬ北條先生の召喚とあっては無視するわけにはゆかない。ただ、北條先生と禅に関する話をしたいという願望だけが彼を動かした。単身で山口へ向かう西田の胸中は、恩師との再会の悦びに満たされていたことであろう。

かほく市の「石川県西田幾多郎記念哲学館」には北條時敬の写真が飾ってあり、そこに西田幾多郎の「生涯の恩師」と表示されている。後に多くの弟子から慕われることになる西田幾多郎の「生涯の恩師」が北條時敬である。

西田の山口地方の第一印象は、あまり良いものではなかった。山口は金沢の大聖寺あたりと同じ風景で殺風景であり、つまらぬところであると友人に書き送っている。

西田は北條先生も通った越中国泰寺への参禅を皮切りに、参禅を重ね、京都の妙心寺に籠もって禅の修行をするほどの熱心な参禅者であった。前年の年末から妙心寺の虎関禅師のもとに参禅して、山口高等学校の始業式に遅刻してしまった。さすがに始業式に遅刻したとあっては、滅多に叱らない北條先生も叱責せざるをえなかった。

とはいえ、山口は単身生活者にとってきわめて便利な街だった。仕出し屋が何件かあって、一日三食の配食契約をしておけば、食事の心配はない。炊事に要する時間は、打坐や読書の時間に充てられた。長年彼自身が望んでいた、ただひとり静かに思索する時間が与えられ、哲学する時間が充分にあった。親しく接する人は敬愛する北條先生ただひとり、じつに至福の日々であった。

「参禅とは脇腹にぐさりと短刀を突き立てる覚悟を要す」と北條先生に諭されて以来、西田は決死の覚悟で参禅した。すべての雑念を脳裏から追い払い、ひたすら黙想する……敬愛する北條先生の庇護のもと、西田の孤高の境地はひらかれていったのである。

西田のある日の日記には「今宵北條先生を訪ね、宗教について語る」と書かれている。北條先生との宗教に関する問答は、山口時代においてかなり頻繁に交わされた。具体的には禅宗の「打坐」に関する話題が多かった。

こうした北條先生との至福の時間は後に、純粋経験の重要性を説く『善の研究』(弘道館 1911)に結実することになる。

山口高等学校に西田が赴任したのは二七歳の時で、教えていたのは主にドイツ語であって、哲学ではなかった。学生たちはこの若い教授に綽名をつけた。学生に親しまれ人気のある先生は綽名で呼ばれることが多い。西田についた綽名は「デンケン先生」であった。デンケンとはドイツ語で「考える」という意味である。西田は目を閉じるか半眼に開いて頭を少しかしげ何かを考えている姿を見た学生が、直観的につけた綽名が「考える先生」であった。後に日本を代表する哲学者となる先生にふさわしい綽名をつけた学生たちの慧眼には脱帽する。

このように絶えず考える姿勢を、後に西田の長女・上田彌生は次のように推測している。

デンケン先生――誠に父は考えるために生まれてきたような人であった。考える癖は父には母方の遺伝であるかもしれない。夜中、祖母の様子から察してその血統を引いているのかもしれないと推測する。いつ目を覚ましても祖母は黙ってたばこを吸いながら何かを考えている。「おばあさん、寝ないの。おばあさん起きて何をしているの?」と聞くと、祖母は決まって「考えているんだよ」と答える。

（上田彌生『わが父西田幾多郎』弘文堂 1948）

西田幾多郎が「考える人」であったことは、彼がまだ石川専門学校で数学を北條時敬に学んでいたさいに、ブリタニカの百科事典（第九版）が届いた時の逸話がある。このとき、西田は休み時間になると一人で書庫に入り、デカルト、ライプニッツ、ラプラス、ラグランジュなどの数学者の伝記を読みふけっていた。

当時の西田は数学に強く惹かれていたはずだが、数学者の伝記を精読するうちに、数学の背後には哲学がひかえていることに気づきはじめたのかもしれない。後年、西田はデカルトもライプニッツも単に哲学者にして数学者であったというだけにとどまらず、彼らの数学と哲学が不可分の関係にあることを洞察している。

4　山口高等学校における北條時敬の評判

北條の主治医となった山口高等学校の教え子二木謙三

山口高等学校にやってきた北條時敬の印象を、同校の卒業生で医師となった吉本清太郎は、「故北條時敬先生を憶う」という文で以下のように回想している。

「先生が第一高等学校より山口に御赴任になり始めて御教授を受けた時であった。今も脳裡に深き印象を残存するが一見して何となく温容親しみ易く又他方において尊敬侵し難き処あり誠に敬慕畏敬する御人格であった。……先生の崇高なる人格は春日の氷塊を融解するがごとく全学生を緩和指導され、学術に人物養成に日夜尽陶され、その結果山高の全盛時代を招来し、其当時の同校卒業者は現今政界に実業界に、または文学医学工学方面に実に多士済々なり」

また吉本清太郎は、岡田校長宅に書生として寄宿していたが、岡田が東京に戻ることになり、北條家に前から書生として寄宿していた親友で後に医学博士となった二木《ふたき》謙三に続いて書生となった経緯を綴り、さらに深く家族的交流を重ねるようになって目にした北條校長の日常のようすも書き留めている。

「先生温厚篤実寡言にして禅味あり。日常の趣味としては囲碁謡曲などにして、囲碁は相手方の有無に関せず往々暁に至るまで端坐、悠々として碁盤に対し一睡もなさらずして、翌日は全く平常のごとく登校教鞭をとられること多かりき」。

吉本清太郎の親友・二木謙三は、秋田県に生まれ、秋田藩主佐竹侯の御典医・樋口順泰の二男として生まれ、二木家の養子となった。二木はなぜ、東京の一高へ行かず、あえて山口を目指したのであろうか。四高教授時代以来、北條の評判は全国的に広まっていたものと思われる。

二木は北條宅に寄寓することになった経緯を以下のように回想している。

はじめは北條先生にお願いしても「書生は置かない」と断られたが、二木は怯まずに「書生は置かなくても、二木自身を置いてほしい。お座敷がなければここの板敷で結構だから」と粘ってやっと置いてもらうことになった。

当時の北條家には子供が三人おり、それほど広い屋敷ではなかったから、容易に書生を受け入れることはできない環境にあった。

しかし、二木があまりに熱心だったため、押し切られたかたちで書生を置くことになった。さらに寄寓先を失った吉本清太郎がやってきたのである。

三年間北條の家に寄宿した二木は、卒業すると東京帝国大学医学部に入学した。東京での寄宿先は、北條の紹介により、金沢出身の内務省官僚・織田小覚の邸宅であった。後に、二木謙三は駒込病院長になり、終生変わらず北條時敬の主治医を務めた。

北條は他の教師のように学生たちに説教めいたことは言わなかった。学生たちは北條の「黙々の声」を聴いていただけである。教授然としたふるまいもなく、叱ることもなかった。何か尋ねても
「それはよかろう」あるいは
「それはよした方がよかろう」というだけである。

どんな理由も理屈も示さなかった。このような返答だけですべてが収まった。

西田幾多郎は四高生時代を回想して、北條先生には非常に暖かいものがあったが、「先生は元来無口で、磐石にでも突き当たったようで、話苦しい人であった。先生の家に寄宿していた時、先生が黙っているので、自分も先生が何か言われるまで黙っていようと思い、夜遅くまで黙っ

て対座していたこともあった」と記している（前出「北條先生に初めて教えを受けた頃」）。

5　萩における北條時敬の日常

北條時敬の日常は、総じて謹厳実直ではあるが、人から愛される稚気をたたえていて、誰に対しても寛大な心をひらいていた。
後年、京都帝国大学で西田幾多郎とともに「両西」と称される倫理哲学者となった西晋一郎は、西田の三歳年下であり、山口高等学校で北條時敬から数学を学んだひとりである。彼の回想によれば、
ある数学の試験のとき、時間が経過したので教壇に座っている北條先生に答案用紙を渡そうと思って先生の方を見ると、先生は居眠りをしている。

西田幾多郎とともに「両西」と称された西晋一郎

皆は黙って先生が居眠りから覚めるのを待った。するとやおら目覚めた先生は「あと一五分待ってやる」とのたもうた。

すでにクラスの全員は答案用紙を書き終え、時間を持て余していた。一五分など必要なかったのだ。しかし、誰も文句を言う学生はいなかった。

また、ある時、クラスの仲間の一人が「星学（天文学）」を勉強してみたいと言い出した。学習科目にそのような科目はなかったが、それでも先生にお願いして課外授業をしてもらうことになった。週に一度、星学の課外授業をすることになって三回ほど授業を受けたが、理由も告げずにそれきりとなった。北條先生は当初から三回を予定して、学生たちも承知していると思いこんでいたのかもしれない。いずれにせよ、星学の課外事業が三回で終了したことに、誰も文句を言う者はいなかったという。

修身教員に代わって、北條校長が講堂で全学生たちに修身の話をしたこともあった。内容は学生が授業に欠席することは悪いことであるという話である。

このほど、教師全員がキノコ狩りに出かけたが、先生は一個も取れなかった。それはただありそうな所ばかり探したからである。実はどんな場合でもありそうなところを見当をつけて探しても見つからない。ありそうもない処もきちんと探さなければ獲物は取れない。

それだから、学生の勉学も大切に見えるところも大切に見えないところも十分に学習しなければならない。欠席しないということがすでに大きな修業であることを忘れてはいけない。遅刻すればその時間だけ勉強から見放されてしまうのである。

平凡な話ではあるが、北條が語ると学生たちは薀蓄のある話と受け止め、自らを律し、成長させ、お互いに切磋琢磨して山口高等学校の校風を作り上げていった。

北條はこの時に教えた学生たちを後々、多くの学校を創設するために必要な自分の参謀の一人として重用している。西晋一郎もその一人である。

ある年のお正月のことである。学校で拝賀式が行われ、その後六日間の休暇に入る。拝賀式が終わると例年どおり教員は校長宅に集まった。

当時の北條家の家族は、九歳の長女・茂、三歳の長男・敬太郎に加え、三女の絲が生まれたばかりとあって（第四高等中学校時代に生まれた次女・薫は幼時に死去）、家の中は手のかかることも多く、来客の接待もままならぬ状態であった。

教員たちと、元旦の屠蘇を飲み交わしているうちに話が盛り上がって、北條先生が突然突拍子もないことを言い出したのである。正月休みの六日間、家にいても無為徒食の生活だから意味がない。これから六日間の県内巡視徒歩旅行をしようじゃないか。条件はただ一つ、一日一円（現約五千円）以内の旅費で、あとは足任せ風任せで、日が暮れたところで手ごろな旅館に泊まることにする、この案はどうかねと祝宴たけなわの教授連に問いかけた。

酒席の勢いで、それはいいアイディアだ、行こう、行こうと皆大はしゃぎで、早速、家に帰り準備万端整え、その日の午後、五人で山口県内の旅に出かけた。周辺の人たちは皆呆然として見送るほかなかった。

一行は、初日はまず北に向かって歩き、一の坂という高い坂の峠を越え、さすがに疲れた。その日は、雪はなかったが風は冷たかった。

暮れなずむ荘厳な夕映えを眺め、感嘆しながら一日の疲れをその峠の下にある「笹々並」という旅館に泊まることになった。

ところが、旅館では山口高等学校校長御一行が宿泊するとあって、サービスにつとめ、夕食の膳にはたくさんの美味な料理が並んだ。一日一円の予算ではとうてい賄いきれない。初日は北條校長が当番であった。自分で言い出しておいて一円では賄いきれないから、この件は反故にしようともいえない。そこで考えた末、旅館の主を呼び、朝はあまり食べないので豆腐の味噌汁と漬物だけでよいと注文した。ところが朝食の膳を見るとこれまた驚くことに、膳の上には豆腐の味噌汁、豆腐のあんかけ、豆腐の冷奴、しかも漬物は沢庵のほかに奈良漬け、京漬け、菜漬け、味噌漬けが山盛りにされている。旅館名ともなっている笹々並は、豆腐の名産地であったのだ。

北條先生は内心穏やかならず、さりとて値切るわけにも行かず、予算超過で同行者に平謝りに謝り、幹事交替で二日目は萩へと向かった。

山高校長と教授連が旅をして歩くことは、人の眼を引く。どこかで学生たちの父兄に出会い、歓待されたりする場合も多々ありそうで、一抹の不安を抱えながら旅を続けた。夕刻になって萩に到着し深川という湯治場に到着して、疲れた身体を休めた。

三日目にはさすがに疲れが出てきたが、それでも一行は元気に旅を続けた。萩では吉田松陰を偲び、日本海に別れを告げて南の方角に歩みを進め、秋吉台に一泊し、最終日には山口の近くにある湯田温泉で一泊した。旅の終わりの温泉場で、疲労困憊の身体をあふれ出る湯に浸して癒した。

六日間の旅を終えてみると、一日一円で合計六円の旅費のはずが、有り金はたいた豪華な旅となった。それでも山口県の良さを味わいつくしたという満足感が北條の心を穏やかなものにした。この時北條は不惑の年を迎えんとする三九歳であった。

翌明治三一年（1898）二月四日、北條時敬は萩の人々から惜しまれつつ、金沢の第四高等学校校長に転任した。山口での在任期間は三年半であったが、最後の印象深い道中の効果もあって、北條は山口を第二の故郷のごとく愛しむこととなった。

山口高等学校時代、北條は師友からたびたび論文を執筆するよう促された。彼は理学科を卒業した時点で、理学士の学位を授与されていたが、数学者としての業績を国内外に示すには、本格的な論文を書く必要があった。北條の数学的知識や造詣の深さは師友には知れわたっていた。しかし北條は論文を提出しなかった。

北條は山口時代にも、海外の数学者の業績に目を通していたようだが、数学の最前線を知れば知るほど、論文を書く気になれなかったのではなかろうか。当時の数学界には錚々たる研究者がしのぎを削っていた。クロネッカー、デデキント、ヒルベルトらの精鋭が論じたテーマは北條時敬の脳裏を駆け巡ったとはいえ、それらを自ら検討するための時間がなかった。これらの数学は同期の藤沢利喜太郎を経て、髙木貞治の類体論の研究に到るのである。

髙木貞治は三高で、北條と同じ関口開門下の河合十太郎から数学を学び、さらに東京帝国大学で藤沢利喜太郎の薫陶を受けて日本における世界的な数学者となった。

第五章

四高校長として再び金沢へ

1　四高の風紀紊乱を切る

金沢啓明学校で学んだ北條時敬にとって、同校を母体とする第四高等学校は母校である。彼が四高の校長を拝命した時、四高の風紀は乱れきっていた。西田・山本の編纂になる北條時敬の日記講演書簡集『廓堂片影』(教育研究会)に、当時を知る人たちの談話が記録されている。かいつまんで紹介すると、

その頃の四高は著しく学生の風紀がみだれ、規則破り、飲酒乱暴は言うまでもなく、芸者屋から通学する学生もいたほどであった。取り締まるはずの教授の中にも、学生の命ずるままに休講にしたり学生たちと連れ立って酒場に入り浸ったりする者もおり、あるいは乱暴狼藉を働

北條の直言を聞き入れた伊藤博文

く学生を見て見ぬふりをして真面目な学生たちを当惑させるような者もいた。

このような事実を当時の雑誌『日本人』に投稿して四高の風紀紊《びん》乱の様を書いたジャーナリストがいた。

メディアに報道された実名入り不良学生たちのスキャンダラスな言動の詳細がかかれている記事を初代校長柏田盛文（後に衆議院議員文部次官）が議会で読みあげ、当局を叱咤したのを機に、北條時敬に山口高等学校校長から金沢の第四高等学校校長へ転勤の辞令が下された。

当時の高等学校制度は、一部二部三部と三つに分かれ、一部は法文、二部は理工農、三部は医科となっていた。四高には別に医学部というものがあった。これはのちに独立して医学専門学校になり、さらに昇格して金沢医科大学となった。

風紀上の問題を起こす者はとくに三部の医学生に多かった。しかし責任は、全学部を統括する校友会にある。

北條はまず教官と学生の双方から委員を出して討議を重ね、翌年校友会の組織を一新した。新しい学校の校規を定めるさい、北條は「禁酒」の一項を入れた。

ひとたび合議で校規を定めたからには、品行不良の教師陣や酒色におぼれて学校を休む不良学生たちに対しては、厳格に処分した。

冠婚葬祭以外の場で酒を禁じられた学生たちのなかには反抗し、脅迫めいた言動を弄する者もいたが、北條校長は持ち前の威徳をもって彼らを抑え、ストライキなどには至らなかった。ある時、不満分子の学生数名が集まり、北條校長を懲らしめてやろうと密談した。今度の運動会の日に、ひそかに学長の背後に寄り、棒を持って校長を叩いてやろう！

狼藉はあわや成功するところだった。

校長は一瞬驚愕したが、平然として彼らを睨みつけた。翌日、校長室に呼ばれた乱暴学生は停学処分を覚悟したが、校長は次のように訓戒した。

「君たちは相手かまわずこのような仕打ちをするとは思えない。私はこれまで男子諸君の軟弱な姿勢に嫌悪を感じていたが、ここにきて、君たちのような豪壮で気概ある行動を見て愉快でたまらない。ただ、こうした気概ある行動を学業に注げば、君たちはもっと心身ともに磨かれるだろう。今後、君たちは学生の本文たる学業においてその気概を発揮し、立派な成績を挙げよ」。

学生たちはその言葉に感動し、今度の校長は実に立派だと感服した。これより彼らは奮発して学業に励み、それぞれが立派な社会人として巣立っていった。

四高の剣道を山岡鉄舟の無刀流に変えたのも、北條の校風改革のひとつであった。

北條の四高在任期間は四年余で長い期間ではなかったが、乱れきっていた校風は一変した。これは校規の厳しさによるよりも、北條の人格から流れ出るある種の力のなせるわざであっただろう。学問尊重はもとより、北條の教育における基本的信条は、人間教育、人物優先にあった。金沢に生まれ、金沢で育ち、一度母校の教職につき、今また母校の校長としての職責を果たした北條の胸中は爽快であっただろう。

北條四高校長の毅然とした態度は、伊藤博文公爵に対しても貫かれた。

明治三二年（1899）一〇月、第四次伊藤内閣を組閣すべく全国を遊説中の伊藤博文は、金沢にも立ち寄り、四高の職員教師学生一同に訓辞を垂れた。

その後、金沢の政財界の代表が伊藤侯を訪ね、来沢のお礼を申し上げた。すると伊藤侯は、笑いながら、

「金沢第四高等学校の校長の北條という男は恐ろしい男だ」と前置きして次のように言った。

「私が金沢に入ろうとしたとき、第四高等学校校長の肩書で、物々しい信書封筒が山中温泉の宿舎へ届いた。開いてみると、その中に大変なことが書いてあった。それは、私がいたる所を巡視し、その都度酒池肉林、花柳の巷に浮名を流されることはかねて聞いているが、閣下の様に日本の国を指導される大臣が、そのような手本を示されては政界はみだれ信用されなくなるば

かりか、せっかく我々が鋭意努力している教育の効果も減殺され、学生への悪影響も大きいから、学都金沢ではその事については十分気をつけてほしいと書いてあった。

それで私も気を付けて神妙にしていた。北條の言う事は正論であると思い、それ以降地方へ出ても、花柳会での酒宴はしないことにした」と言われた。

この話はたちまち剛気な北條校長の逸話として金沢の街に広まった。

後日、もし、北條の諫言が聞かれなかったら、どうするつもりだったかと四高の職員が訪ねると、北條は

「その時は四高の門を通さなかっただろう」と平然と答えたという。

当時、権勢をふるっていた最高権力者に対しても、直言できる気骨が北條にはそなわっていたのである。

この逸話は金沢神社の北條時敬顕彰碑の碑文にも刻まれている（一三九頁参照）。北條が伊藤博文に出した手紙の原文は上杉知行の『偉大なる教育者　北條時敬先生』（北国出版社）に詳細に収載されている。

この時期は、北條が教育者から教育行政官に向かってゆく分水嶺であったと言えるかもしれない。

文部省では、教育重視の政策のもと、山陽広島に高等師範学校を新設することになり、その初代校長に北條時敬を指名したのである。時に明治三五年（1902）のことで、北條は満四四歳の円熟期に入っていた。

2　西田幾多郎の四高教授就任

北条時敬が山口から金沢に移った年（1898）に、西田幾多郎は父・得登の逝去により、妻・寿美と復縁した。

彼は山口で当初は教務嘱託としてドイツ語を教えていたが、翌年（1899）の春には山口高等学校の教授になった。同年夏、北条校長の要請により、西田はついに母校第四高等学校の教授に就任した。

西田は「四高の思出」を校友会（北辰会）会報に寄稿している。

「過去の思い出なくして我というものはない、過去の思い出が我というものの存在を意味す

四高教授に就任したころの西田幾多郎（石川県西田幾多郎記念哲学館提供）

るならば、四高の思い出は私というものから除き去ることの出来ない私の大部分を占めていると言わねばならない。私が四高の一生徒であった時は、人間一生の方向の定まる青年時代であり、私が四高の一教官であった時は、三十から四十までの人間の一生において最も元気旺盛の時代であった。唯、憾むらくは、私は学生としては半端な退学生であり、教官としても善良な教師であったという自信を持ちえないのであるが。四高の思い出と言えば、私の頭に浮かび来るものは、今の広坂通りに面する煉瓦の建物ではなくて、今ははや遠き昔、時に洗い去られた仙石町に面した古ぼけた昔の専門学校の建物である。……

私が四高の教官となったのは大学を出てまだ程ない頃であったが、一度やめて山口に行き、北條さんが校長の時代に又舞い戻り、それから十年ほどもいた。その終わりの頃は病気にかかり体が弱くて、当時の校長さんから、よく小言を言われた。論理や心理も教えたが、主として独逸語を教えた。その中、一度舎監をやったことがあり、一年程毎週一回学習寮に宿泊した」。

四高教授時代の西田の綽名も「デンケン先生」。金沢の学生たちの直観も的を射抜いていた。

明治四二年（1909）、西田は四高十年目にして、さまざまな校内事情から転勤を希望し、学習院に移った。当時の学習院院長は第十代院長乃木希典であった。むろん乃木院長が明治天皇の後を追って殉死した後、北條時敬が院長として「陸奥」からやってくることになるとは、知る由もなかった。

3　三々塾の学生たち

四高校長の北條時敬は、学生たちと共に学びあい、相互交流を深めることのできる場づくりを構想した。四高では、ドイツ語の教授であった三竹欽五郎が「誠会」という会を作って学生たちと交わっていた。

北條は、三竹の「誠会」をさらに発展させ、直接、学校側が民家を借り上げて学生たちばかりか教員も共同生活を営むことのできるような塾を企図したのである。

当初、宿舎は小立野の永順寺という名の寺を間借りした。とくに呼称は考えていなかったので、永順寺塾などと言っていた。西田幾多郎の発案で、明治三三年（1900）に始まったので、

西田幾多郎［中央］と
三々塾の仲間たち

「三々塾」と名付けられ、以後定着した。賄いのために老女を雇った。四高の学生たちの素行が悪くなり始めると、塾生が先鋒となって風紀是正のために活動した。

西田の三々塾への思い入れは、自らの経験に照らして、「私というもの」ができたのは、高等学校時代の友人関係であると考えるからであった。

「自己形成」の時期にあたる高等学校時代の友人・師弟関係ほど重要なものはない。人間の生涯を決定づける重要な要素であると思っていた。

西田の四高生時代の親友・山本良吉は、後に武蔵高等学校の校長になるが、西田から三々塾の話をたびたび聞いて感銘を受け、七年制の武蔵高等学校にも学生たちが共同で暮らせる寮を造った。

三々塾はいわば公認下宿（塾）であり、教授と学生が起居を共にして親しく交わり親交を結ぶ場である。問題のある学生がいれば、彼らを呼び出して、問題の本質を議論するという場でもあるから、ほとんどの学生は問題を起こすことはなかった。北條は西田に学生の訓育の一部始終を任せた。

三々塾のメンバーであった逢坂元吉郎は、後に東京帝国大学へ入学したが、そこで植村正久に出会い、熱心なキリスト者となった人物である。彼の三々塾の回想は興味深い。

逢坂によれば、ドイツ語の三竹欽五郎の三々塾にかける思いは並大抵のものではなく、情熱的であったが風変わりでもあった。逢坂は、三々塾に入る前から三竹と二回ほど禅の修行のために和歌山へ行ったことがある。三竹は寺の泥水を手拭いに浸して体を洗い、その手拭いを頭に乗せて襦袢一枚となり座禅に臨んだ。三竹はドイツ語と禅と北條時敬先生崇拝で際立った人物として知られている。

もっとも、三々塾の先生も学生も、北條時敬先生崇拝においてひけを取る者などいなかった。西田、三竹に加え、堀維孝《いこう》、杉森此馬《このま》の教師陣は、北條が山口高校から引き抜いてきた者たちであった。

北條は多くの学校校長を歴任することになったが、次の学校へ移動する時は自分と心が通う部下たちを一緒に連れて新任の学校経営にあたった。

逢坂元吉郎は、雪門禅師の「洗心庵」でこれらの先生方の知遇を得ていた。とくに西田幾多郎との縁は深く、七尾中学校で教えている時に同校の一年生として出会っている。それ以来の師弟関係であった。ある夜、洗心庵からの帰り道で西田は逢坂につぶやいた。

「僕は唯一つのもとから考えていることは、実在というものと自分との関係である。それを知りたいと思うのが今の自分の考えである」。

その夜は月夜であった。逢坂は月明かりに西田先生の横顔を見ながら、先生の禅をもとにした哲学の奥深さに思いをはせた。

逢坂は昭和一四年(1939)、四〇年ぶりで三々塾を訪れた。古い写真を見ながら往時を懐かしんだが、学生たちのようすがずいぶん変わっていたことに驚いた。皆受験勉強に汲々としており、学業専一に明け暮れていた。昭和初期ですら、このようなありさまであった。

今日の学校風景を先達が見れば、嘆きはいっそう深まることであろう。

4　北條教育の完成

円熟期を迎えた北條は、しだいに自分に与えられた使命を意識するようになった。数学者や教育者の立場を超え、教育行政官としての任務を遂行することが、自らの使命であると自覚した。

広島高等師範学校初代校長の辞令を受けた時、北條家には四人の子供がいた。四高に赴任してまもなく次男・恭次郎が生まれたのである。北條にしてみれば故郷に骨を埋めたいという気持が強かったに違いない。

広島へ転勤することになった時、長女は金沢の第一高等女学校に在学中であった。学業半ば

第四高等中学校、第四高等学校、金沢大学をへて四高記念文化交流館として健在の赤レンガ校舎

で広島に転校することはできないので、長女は北條の部下の四高の数学担当教官・田中鉄吉に預けられた。

美しく聳え立つ白山や医王山の峰々、真っ青な空と溶け合う犀川と浅野川……。故郷の風景は、北條の目に強く焼き付けられ終生忘れることのない心のよりどころとなったことであろう。

いよいよ、故郷との別れが近づいた。北條は校長として学生たちを指導した赤レンガの校舎に立ち寄り、故郷の山々を眺め、川辺で流れ行く水に目を凝らし、瀟洒な武家屋敷をゆっくりと探索した。とはいえ、散策は金沢にかぎられ、石川県各地の懐かしい場所に別れを告げる余裕はなかった。

後年、学習院院長としての任務が一段落した時に、やっと北條は念願の石川県の視察旅行を行った。

この旅行は、金沢のみならず能登半島にいたる各地の視察講演旅行であった（第十章）。西田・山本編『廓堂片影』に収載された北條の日記から、この旅程のハードなようすをうかがうことができる。混雑した汽車の中で座席もなく、北條は入り口付近に昼夜を問わず常時立ち続け、疲労の色も見せなかった。

北條は金沢に家を持つことなく、遠く離れた東京で多忙な人生の終焉を迎えることになるが、遺骨は一時期、金沢にある北條家の墓に収められた。彼は生まれ育った故郷に骨となって帰還したのだ。

第六章

広島高等師範学校

1　広島高等師範学校の創立

文部省は明治一九年（1886）、東京に高等師範学校を創立して以来、関西方面にも高等師範学校を設立する方向で全国の県庁に打診していたが、広島市がいち早く手を挙げて国泰寺村（現広島市中区東千田町）の広大な土地を師範学校用地として提供すると申し出た。これを受理した文部省は早速学校設立に着手した。

容れ物の目途はついたが、教授陣の顔ぶれがそろわない。最も重要なのは初代校長である。さまざまな憶測が流れたが、当初その中に北條時敬の名はなかった。文部省が北條時敬の名前を公表した時、多くの人たちは驚愕した。広島市に高等師範学校を創立することも、また多く

広島大学東千田キャンパス内の「広島高等師範発祥之地」碑

の関係筋では驚きであった。最も驚いたのは当の北條自身であるが、こうした文部省の大抜擢の背景には、当時文部次官となった岡田良平の存在がうかがえる。

明治三五年（1902）、特命を受けて四四歳の北條は広島高等師範学校初代校長に就任した。広島ではその後一一年間、最も脂の乗り切った活動期を過ごすことになる。金沢での幼年・学童期を除けば、北條の人生において、一つの場所に最も長く滞在したのは広島であり、同地は北條時敬にとって金沢に次いで愛着のある地になった。

時代は日露戦争前夜で不穏な空気がみなぎりつつあったが、北條は人間教育重視の教育方針を徹底させることに腐心した。

2　教育幕僚会議

山口高等中学校といい、金沢第四高等学校といい、北條時敬は学生問題を抱えた学校救済のために校長として派遣され、首尾よく問題を解決した実績の持主である。彼の配下には頼りになる教育のベテランが数名存在した。

いよいよ広島高等師範学校創立の初代校長に任命されることが本決まりとなり、北條は四高の幕僚ともいうべき人材を集めて夜を徹して語り明かした。

山口高等学校時代以来、北條の右腕として彼を補佐し続けた教授は、杉森此馬（英語）のほか、深田藤治《とうじ》（倫理学）、西晋一郎（哲学）、堀維孝（国語）の四名であり、その他に書記官四名による幕

北條教育を継承・発展させた長田新

僚会議が連日開かれた。

北條時敬の日記『廓堂片影』の語るところによれば、これら諸教官は夏の盛りの暑さをも顧みず、連日開校準備を細大漏らさず行ったという。じっさいに学校経営の任に当たっては、授業は一日もおろかにせず、一心にこの任に当たり、それ故いかなる箇所にも遺漏なく、とくに杉森教授の働きは他に追随を許さぬ完全なものであったと記録されている。

北條の広島高等師範学校校長への任命と併せて、杉森、深田、西の三名の教授と堀助教授の任命が文部省から下った。杉森此馬は教務課長も兼務した。広島に校舎が完成するまでの間、この師範学校は文部省の管轄にあり、当時は東京の文部省内におかれていた。

従って、当初、教員たちは文部省内の建物の一室で第一期生募集要項や入学試験次第などを作成し、その年度は文部省内で入学試験を実施した。入学定員は百名であった。全国から集まった俊英たちの選抜には教員たちも駆り出された。

校風は議論百出して対立したが、おおむね東京高等師範学校とは異なるをもってよしとすることで一致した。

東京師範の学則は「本校は師範学校、中学校、高等女学校の校長及び教員を要請し、普通教育の方法を研究することを目的とする」とある。

広島師範は「本校は師範学校、中学校、高等女学校の教師たるべきものを養成することを目的とする」とある。

北條が期待する師範学校とは、学生に人格教育をほどこす場であり、後進を尊重しつつ学問研究を教導できる教師を育成する機関である。北條時敬の幕僚となったのは、そのような理想の教師たちであった。研究のみの教師は、たとえノーベル賞級であっても、それだけでは人間教育者と呼ぶことはできない。

常日頃、北條は「平凡」をとりわけ重視して次のように言っていた。

「非凡」はただその人だけが持っている個性であって、万人に通ずるものではない。教師たるもの、平凡に徹して、自分の中にある非凡を前面に出してはならぬ。それは、学問・研究に徹して何事かを為しうる人間にのみ許されることである。

この北條の思想こそ本来あるべき師範学校のモットーであろう。北條時敬の考える「平凡」とは、文字どおりの平凡である。彼の禅の印号「廓堂」は、臨済禅の「廓然無聖《かくねんむしょう》」に通ずるものであろう。それは、「真如界は廓然として凡聖のべつがない」という北條時敬の信念でもあった。

まさに北條は己を律して、自らの才能を誇示したり、非凡さを示して名を馳せたりするようなことをせず、無名を誇りとする生きざまを貫いた。

彼は「義と仁」という「道徳律」の根源を、教育という仕事をまっとうすることによって、具現化しつづけたのである。

時としてこのような姿勢は他者の理解が及ばないこともある。

「自分は他者に知られるまでに時間のかかる人間だ。一見損をしているようにも見えるが、必ずいつかは分かる時がある」と北條は友人に語っていた。

如何に北條先生に恩義を受けたとしても、すぐには理解できない場合がある。後年になって気がついて北條先生に頭をたれた教え子たちも多かったことであろう。

広島においても、北條は校規に「禁酒」の項目を入れさせた。学生である間は決して酒色におぼれて学問を忘れてはならないという事項を教授たちの反論を無視して付加した。

一見、頑迷のようにも思えるが、北條の主旨は、学生としての本分を忘れるなという点にある。宗教上の禁酒のように終生禁酒を課すのではなく、社会人になれば時・所によって飲酒が必要になる場合もあろう。ただ飲酒の習慣は学生生活とは両立しないので、自らを律せよというのである。感受性の豊かな時期におおいに学び、人間性を磨きあげよという平凡な見解なのである。

さらに北條は「無用の学問」を学生たちに推奨している。学問というものはただ目前に必要とするものを修めるだけではない。一見無用と思えるものも、その中に有用に転ずるかもしれない何かがある。自然界、学問の世界には無用のものはない。どんな場合でも、目前に広がっている事象には奥深い真実が含まれている。それを悟ることが学問であり、その学問を賢く学ぶのが学生であるという。

別の言葉でいえば、

「目障りとなるすべての雑音と思えるものの中に真実が宿ることがある」。

この雑音の中にある真実は、北條の参禅のさいに打ち下ろされる禅棒の一振りで明らかになる。たとえそれが周囲には単純とか狭量な考えと映ろうとも、そこに自らのみを恃《たの》みとする心の強さと生一本の純真があれば、本物の形が見えてくる。

これはある意味でデータ解析の方法とつながる。無駄と思えるデータの中に重要なデータが隠れ潜んでいることもある。そうした真に重要なデータをつかみ取り、事の真実を見きわめる能力を培うことが学生時代に必要なことである。多くの雑多なものの蓄積の中から何が真実であるかを見通す目や耳を養うこと。単なる知識の詰め込みに終わらない北條教育の本質は、そこにある。

日露戦争の危機が迫る明治三七年(1904)、広島高等師範学校を整理しようとする文部省の動きがあった。この時、北條校長は直接文部省に赴き、足音高く大臣室に入ると、端然として文部大臣・久保田譲に所信を表明し、広島高師の整理の動きを撤回させた。学生の本文は学問修行である。軍人が国に尽くすように、学生にとっては、この本分を貫くことが、国家に尽くすことである。北條は生涯この主張を貫き通した。

こうした北條の教育信条は、広島高等師範学校が広島文理科大学となり、さらに広島大学となっても受け継がれた。

北條初代校長時代の広島高等師範学校で学んだ長田新《おさだあらた》は、広島文理科大学で教授をつとめ被曝して重傷を負ったが、戦後広島文理科大学学長として復興に尽力し、学制改革後は広島大学教授として、日本の教育再建を牽引した。長田の教育界への貢献を記念して、広島大学は平成四年(1992)に「ペスタロッチー教育賞」を設け、民衆教育に貢献した個人・団体を顕彰するようになった。

3　北條の訓辞から

北條が広島高等師範学校のある年の始業式に訓辞した事項は、三項目にわたっている。

①入学式訓示

②戦時心得訓示演説条目（日露戦争が始まっていた）

③数学を学ぶについての心得

◉**数学上の知識**――数の性質、三角形、平行四辺形、曲線、曲線等の性質、諸般の定理等。

◉数学的知識は修を修むるものの知識発達の進度に応じ之を加減するを必要とす。普通教育に於いて、平行線、不尽数を教える上での注意。

広島高等師範学校・北條校長

◉**数学的技術**――計算、省略算等において不要の手間を省くこと、類別分解分布数学、記号の布置、演習展開の巧拙。

◉演習及び計算は目的を立ててこれを為し急ぐべからず。

◉**数学的論理法**――論理的頭脳を養うこと、推理的能力の練習、教育上一般的目的はこれにあること、数学の教育上価値はこの三者を合わせたものにあること。

とくに数学に関する基礎的な教育の在り方を詳しく訓示したところに、数学者・北條時敬の素顔がうかがえる。

第三回卒業生の送別会における北條校長の訓示の要旨は、次のようなものである。

「わが学校の卒業生として社会に出て働くに当たり、いかなることが大切であるかをここに一言述べさせてもらう。……何が卒業生として世間に出て恥じない特色であろうか。大人となる学問、即ち、これである。……大人は常に精神愉快の人である。常に余計なことに拘らず、自由に行動できる人である。大人は自分の小さな才能にこだわらず、それに拘束されず、いわば才なき才の人である。大人は正直である。時には愚かで無邪気に思えるときもある。大人が働いているその働き方を見れば、よくわかる。……大人になる道を学ぼうとするのは大変危険である。……しかし学問を為しつつある後進者である諸君の立場からすれば、ある意味で大人のすることは偽善者に見えなくもない。これは水泳などの如き溺れる危険のある恐れもある事態で、溺れるのを恐れて泳ぐのをやめさせてしまう親であるのか、溺れる場合もあると知りながら慣れさせるために、敢えて泳がせる親が子を思わぬ親であるのか。諸君に尋ねたい。後者を是とするものが居れば大人の学をやってみるがよかろう。自分が諸君たちを送る辞として、君たちの業が今日で終了したと思ってはならないということを言いたいのである」。

ここでも北條は数学を学ぶ上での心得を付け加えた。

北條は校友会の席上でも、

「諸子は凡人である。わが学校は諸子に大人の額は授けない」と告げた。

学生たちに北條の真意は伝わらなかったかもしれないが、凡人を自覚してつらぬきとおした果てに、初めて大人への道も見えてくるという主旨であったろう。

北條の教育方針について、幕僚のひとり、杉森此馬教授は以下のように語っている。

「……英語指導には外国教師のスミス氏を起用して、第一に日本人の英語に対する弱点や困難点をよく説明し了解してもらい、程度の高い実績を収めた。……生徒監には雪吹という硬骨漢の教師を入れ、極めて厳格に取り締まり、特に体操を重視して、体操は運動だけでなく、修身であるという考えで厳重に行った。北条校長は剣道に重きを置き、特に無刀流に興味を持っておられたので、その当時有名であった無刀流の剣士をまねいて職員に加え、大いに剣道を奨励した。……学校の運動会は初回から方針を立て、徒歩や長距離競争をはじめ徒手体操や、兵式教練を実施し分列式を行った。運動会に剣道、柔道、テニス、ベースボールなどを加えたことは当時としては珍しいことであった。開会も午前七時として来賓が一人もいなくても、開始しプログラムをずんずん進めていった。運動部についてもボート、フットボールなども加え各部の運動活動を奨励されたが、対抗試合は禁止された」。

杉森此馬は、広島高等師範の教務課長兼英語教授に着任した翌年の明治三六年（1903）七月、文部省より二年間の英米留学を命じられた。

杉森はイギリスのオックスフォード大学で英語の発音学を学び、アメリカではハーバード大学で発音の実験機械を試作している。帰国後は発声学（Phonetics）の講義をした。

明治四一年（1908）、北條校長がロンドンで開かれた第一回万国道徳教育会議に日本代表として出張した間は、杉森教授が学長を代行した。二年後、杉森は休職したが、二年後に再び復職するも、大正二年（1913）、広島高師を退職して旅順工科学堂教授として韓国に渡り、大正一四年まで在職した。

その後は広島市に居住して英語教育に関する著書の執筆に励んだ。

杉森教授が広島高等師範教授の時期に、先生の影響で学生たちが外国への夢を膨らませ、毎年貯金を続けるようになった。杉森教授が旅順工科大学に赴任したおり、学生たちは大陸旅行を果たし、旅順で杉森教授の出迎えを受けた。

また、杉森の同僚の赤木萬二郎は、北條校長の教育理念について以下のように伝えている。

「……根本に培い、堅実なる人格を統治すること、これが教員養成の主目的である。立派な教師にして立派な校長ともなりえ、立派な教育為政者ともなりうる。やがて、人の師匠たるべき立派な人格者にして真に国家の要請に応ずる学者とまた、真に立派な教師たる人格を有する人にして初めて真に普通教育の理論実際の研究をもなしうるのである。〈本を隠微に立つる人〉にして初めて功を万代に期するを得るのである」。

教師は単なる教育労働者ではなく、立派な人格者でなければならなかった。

広島高等師範学校の卒業生のひとりは、北條校長のもとにあった学生時代を次のように回想する。

「……また世間並みの運動会騒ぎを排して、彼の体操演習会を創設したる如き、これも世間では広島式と呼んだのであったが、確かに当時の教育界に対する頂門の一針とも謂うべきであったと思う。……質実剛健の姿として小倉服（学生服）着用、春夏秋冬、綿製の洋服で通した。戦争による経済上の理由によって自給自足の精神を発揮し、これもまた北條式鍛錬主義の表れであった。学生たちは天下を憂う精神に動かされて不言実行、甘んじてその制服を着用した」。

北條は初代校長として、生まれたての若木が大樹になるための肥しを不言実行の姿を示すことによって与え続けた。それは校長としては平凡な仕事ではあったが、非凡の道、非凡の日常であった。

一一年の長きにわたる広島高等師範学校校長時代、北條は高等師範生の模範となるべき学問奨励はもちろん、体を鍛えるための柔道や剣道を促進し、謡曲や囲碁も流行させた。とくに剣道は、自ら積極的に学生たちに交じって得意の無刀流の腕をふるった。

だが、家庭内では広島着任の翌年に四女・潔子が誕生したが、間もなく死亡した。大学院の学生兼一高教授時代に、二女・薫を三歳の可愛い盛りに喪ったことにつぐ、悲痛な体験である。

それでも五女・鎮子、六女・幸子を授かり、広島在中に母トシを喪った。

北條は広島を去る送別会の席上で次のように述べている。

「自分がこの学校で行ったことに、もし何ほどかの功績があったとすれば、その反面には、またそれだけの罪を犯していると思って、自分を恐れている」。

この謙虚さこそ、北條時敬の一生を貫いた「凡人たる資質」を象徴していると思われる。

だが、北條時敬は周囲の人間から見れば凡人ではなかった。彼は並はずれて強健な心身を有し、何ごとにも沈着冷静であった。厳しい人ではあったが、一度会ったとたんに懐かしい思いがして、いつまでも傍にいたい気持が沸いてくる。北條の前ではとても意気地のないことは言いだせず、風邪をひいてもすぐに治ってしまうような気がしたと、広島高等師範学校の教授連中や学生たちがこもごも口にした。

4　第一回万国道徳教育会議出席とボーイスカウトの導入

明治三八年（1905）、岡田良平らによって、二宮尊徳の思想による社会奉仕活動普及を企図する報徳会が設立された（第九章参照）。明治四一年（1908）一月、その会員の集会場「広島斯民会館」設立のための会が開かれ、北條が座長となった。

その後、北條は報徳会の機関誌『斯民』に、「論説講話」として「勤労三昧の境界」という一文を投稿している。それは、二宮尊徳の教えを実践しようとする報徳会のメンバーであり、禅の体

ベルギー公使・秋月左都夫

験を重視する「十四会」の牽引者でもある北條の試論である。

同年七月、北條は文部省学務局長・白仁武《しらにたけし》と第一回万国道徳教育会議に出席するためにイギリスに向かった。

イギリスでボーイスカウト運動を知った北條は、おおいに共感し、ぜひ日本にボーイスカウト運動を導入すべきであると考えた。

即座に賛同してくれたのは、ベルギー公使・秋月左都夫《さつお》であり、彼は早速ボーイスカウト運動を日本政府へ報告した。

秋月左都夫は、後に住友総理事となる実弟の鈴木馬左也とともに、北條に誘われて円覚寺の今北洪川師のもとで禅修行した仲間である。また秋月は、十四会および報徳会のメンバーでもあった。

十四会のメンバーは、ボーイスカウト運動を日本にひろめることに賛同してくれたが、時の文部大臣・牧野伸顕に拒まれ、北條は独自にボーイスカウト運動に通じる教育方針を徹底することになる。

北條独自のボーイスカウト精神は、広島高等師範付属中学校の校外活動に活かされた。明治四二年(1909)、東、西、中、南、北、第一、第二寄宿舎に七団を結成して生徒の自治に任せ、共に生活しながらの人間形成を促したのである。禅の思想と二宮尊徳翁の教育理念とボーイスカウトの精神が、北條校長のもとで融合したのである。

北條時敬が広島高等師範学校においても学問に劣らずスポーツを重視したのは、スポーツが徳育につながることを熟知していたからだった。北條は必ず校友会が開催する大会に臨席した。とりわけ禅と無刀流を愛し、剣道大会にも出席した。さらには柔道大会、テニス、野球、音楽会や英語劇など、学生たちが行うあらゆる大会に出席した。

大会後には必ず茶話会を開き、学生や教授たちに禅味あふれる話を聞かせた。教師たるものは細部にわたって共に学ぶ者たちへの目配りを欠いてはならないことを示してみせた。

5　北條時敬の胸像

時は流れて北條没後六年を経た昭和一〇年（1935）、広島高等師範学校初代校長北條時敬先生を顕彰して、同窓会館永懐閣の傍に胸像が建立されることになった。

『北條時敬先生胸像復元』（胸像復元会・同協賛会発行1957）によってその消息を辿ってみよう。

北條没後二年（1931）、広島高等師範学校の廃止案が発表され、校運も衰退の兆しを見せ始めた。若い学徒たちに不安がひろがるなか、学校創立の原点、すなわち北條精神によって校風の刷新を図ろうという機運が盛り上がった。まずその象徴として、初代校長北條時敬先生の胸像建立が学友会により決議された。

胸像創設を推進した千有余名の大半は、北條先生とまったく面識のない人々である。こうした学生たちの熱意は、東京美術学校（現東京藝術大学）の教授であった北村西望《せいぼう》の心を動かし、製作費を度外視しての力作が完成した。北條の胸像は、晴れて昭和一二年三月、除幕の運びとなった（巻頭写真）。

だが、第二次世界大戦中、金属類回収令の犠牲となって胸像は供出され、台座だけが残った。戦後、原爆の跡も無惨な広島で、卒業生たちは胸像を再建しようと動き出した。だが北村西望は戦災で胸像の原型を焼失していた。一時は復元は頓挫したように見えたが、北村西望の再度の製作費を度外視しての好意により、昭和三二年（1957）九月に改めて胸像が建立されたのである。

ところが北條時敬の胸像は昭和四四年（1969）五月二八日の夜、何者かによって頭部を切り落とされてしまった。北條の頭部は無残にも金鋸で鼻までそぎ落とされ、森戸道路の中央にある「森戸辰男先生記念樹」の碑の上に乗せられていた。再び胸像は虚しく台座だけが鬱蒼とした木立の中の小さい庭に取り残されたままになった。

真相は不明であるが、その頃は全国の大学に爆発的に起こった学生運動の時期であり、おそらく全共闘の学生の一人が、夜陰に乗じてひそかに胸像を切断したものと思われる。

昭和五七年（1982）、広島高等師範創立八〇周年を迎えるにあたって、記念行事の実行委員会は、北條先生の胸像の復元を計画した。同年九月二四日、晴れて除幕式が行われた。

北條の胸像は紆余曲折をへて、再び広島大学のキャンパスに戻ってきた。今日も北條時敬は広島大学のシンボルとして、学び舎の学生たちを見守っている。

広島大学の北條時敬の胸像

第七章

陸奥の国への旅立

1　東北帝国大学総長に就任

仙台伊達藩藩主の居城であった仙台城は青葉城ともいわれ、仙台市の中心地にある。明治維新後、仙台城は陸軍の要塞となり、明治政府の出先機関となった。

第一高等学校の次に第二高等学校が仙台に置かれたのは、東京以北最大の都であり、産業、経済、文化の基点であり、学問の都でもあったからであろう。

仙台伊達藩も加賀前田藩と同様に大藩で、幕末期の仙台藩内の混乱は加賀藩と似たところがあった。

中央政府は、県名を藩庁のある仙台の名をとって仙台県とすべきところ、宮城県と命名し、人心一新を図った。

藩庁が金沢にあった加賀藩は、明治二年（1869）の版籍奉還のさいには金沢県とされたが、二年後の廃藩置県のさいに石川県とされた。石川県に金沢あり、宮城県に仙台あり。この二都は、現代日本の中でも内外の観光客をひきつける独特の風情を保っている。

維新後、伊達家は、困窮した家臣を多数蝦夷地へ集団移住させた。さまざまな教養も技術もそなわった旧仙台藩士たちは、北海道開拓史に大きく貢献した。

東北帝国大学は明治四〇年（1907）六月二二日、東京、京都に続く三番目の帝国大学として創設された。法科大学を重視する東京帝大、理学工学系の研究を主目的とする京都帝大に対し、東北帝国大学は理学数学教育研究を中心として、「研究第一主義」、「門戸開放」の旗印のもとに優れた人材が教授として送り込まれた。仙台の理科大学と、札幌の農科大学（元札幌農学校）の二科から構成され、後に仙台市内にあった医学専門学校や高等工業専門学校も統合して医学・工学部門を充実させた。

北條時敬に東北帝国大学第二代総長の辞令が下りたのは、五五歳の時であった。この人事は二階級特進の異例の人事で、当時の教育関係者たちを驚かせた。

人事に関与したのは当時文部次官であった岡田良平であろう。岡田は北條を数学者としての道から教育者の道に引き込んだ人物である。当時の帝国大学総長の人事権を握っていたのは文部省である。

教授はほとんど東京帝国大学から派遣され、時を経てまた戻ってゆくという人材交流も活発であった。

大学は青葉城の二の丸を川内キャンパスとして使用し、四季おりおりの自然の風景は、学生や教師たちの目を楽しませ、心を和ませてくれた。

北條一家の広島から仙台までの道のりは一日がかりで、たいへん難儀なことであった。だが仙台に着いて、さわやかな五月の風に迎えられ、気分一新できたことだろう。広島県とは異なる東北仙台の空気は澄み渡り、新しい風が北條家の人々を和ませていた。

仙台郊外にある一富豪の別荘が総長官舎として用意されていた。一時的に仙台市内の旅館に宿泊した後、ようやく北條一家は総長官舎に入り落ちついた。

周りを美しい生垣に囲まれた広い邸宅は、さまざまな樹木が繁茂した趣のある環境にあった。遠くに目をやれば青葉山の峰々がつらなり、広瀬川が悠然と流れている。さすがに「杜の都」と呼ばれる仙台市中は街路樹などの緑が目にまばゆい。

邸宅の裏手には長屋風の平屋建てが一棟あり、後にこの平屋建ては書生部屋となった。

2　総長問題から「掛谷問題」へ

当時の東北帝国大学の数学科には、林鶴一、藤原松三郎、小倉金之助、窪田忠彦といった後代に影響をおよぼした優秀な数学者が揃っていた。林鶴一は東京帝国大学で藤沢利喜太郎のゼミナールで研鑽を重ね、東北大学創設の時点からすでに主任教授として迎えられることになっていた。林の八歳年下の藤原松三郎は東京帝国大学理科大学を主席で卒業し、三〇歳の若さで教授に就いた。小倉金之助は東京帝国大学理科大学を中退後、林鶴一のもとで数学を学び、二四歳で助教授になり、窪田忠彦は幾何学の研鑽を積み重ね第一高等学校教授から東北帝国大学助教授となった。さらに東京帝国大学数学科を卒業した二三歳の掛谷《かけや》宗一が助教授として加わって

「掛谷予想」を提起した
掛谷宗一

いた。

数学的活力あふれる二〇代、三〇代の俊英が揃った環境に総長として迎えられた北條時敬もおおいに刺激を受けたにちがいない。

なかでも二三歳の助教授であった若い掛谷宗一との出会いは運命的と言ってもよかった。掛谷宗一が残した当時の数学ノート二七冊のうちの一四冊目のノートにその時のことが詳細に書かれている。

「総長問題」と題した大正五年（1916）一一月二三日付のノートには以下のような文が書かれている。

「藤原君が正三角形の内転形の模型を作られ、食堂にて供覧せられたる時、北條総長が何となく、〈此内転形が平面上を一回転するに要する最狭き場所は此の正三角形か？〉と言われし。これを聞き余は非常に面白いと感じたり。ここにおいて余は直ちに次の如き一般なる問題を創設し、これを今総長問題と命名し、即、与えられた平面図形をAと命名し、即、平面図形Aが平面上を一回転するに要する最も狭き場所を求む」。

これが今もなお「掛谷予想」として世界中の数学者が考究を続けている「掛谷問題」の発端である。

掛谷宗一は昭和一〇年（1935）、東北帝国大学助教授から東京帝国大学理学部教授として母校に戻った後、昭和一九年（1944）に創立された統計数理研究所の初代所長に就任するが、このおりに彼の二七冊の数学ノートは統計数理研究所に移されて図書室に保存され、戦災をまぬがれることができた。

掛谷宗一は広島県生まれで、明治三九年（1906）三月に第三高等学校を卒業すると東京帝国大学に進学し、数学科に入学。在学中は二年三年を通じて特待生であった。三年に進級の時に、マレイ記念数学賞を授与されている。同賞は、日本の文部省顧問に招聘されたアメリカのラトガース大学数学・天文学の元教授デヴィッド・マレイ（1830–1905）に因んだ賞である。マレイは学制発布の折、小学算数教科書の編集を指導して和算を廃し、日本の近代教育確立に貢献した功績により、明治天皇から勲三等を授与された初めての外国人となった。

当時の東北大学数学教室では、二週間に一度数学談話会が開かれていた。ドイツで相対性理論を学んで帰国したばかりの物理学教室の石原純教授も加わり、多くは外国の文献紹介やオリジナルな研究発表を主として学んでいた。

藤原松三郎は、ドイツのゲッティンゲンに留学中、卵形線に関係のあるH・ミンコフスキーの「数の幾何学」に関心を寄せ、数学談話会の席でフーリエ級数を応用した三つの尖点を持つ内線の平行曲線が定幅曲線であることを証明したドイツのA・フルヴィッツの論文を紹介した。この論文に刺激された藤原は定幅曲線に関する論文を書き、以後卵形学(凸曲線)は東北帝国大学数学教室挙げての共通研究題目となり、海外からも注目された。

数学談話会に集った研究者たちは、先輩後輩を問わずお互いの話題に関心を持ち、時には屋外へ出て青葉山の頂上で喧々諤々と議論を交わす間柄だった。

さて、「総長問題」をざっと追ってみよう。

「この内転形が一回転するのに必要な最小の図形はこの正三角形ですか?」という「総長問題」を面白いと思った掛谷は「与えられた平面図Aが平面上を一回転するのに要する最も狭い場所を求めよ」という一般問題をつくりだした。

掛谷は先に引用したことの発端を記した後に、一頁ほどかけて最初の考察過程をノートに記した。

しかし、期するところがあったのか、彼は今まで記した全文に斜線を引いた。そして新しい頁に「回転の最小領域(Smallest domain of revolution)」と新しい表題をつけて考察を続けた。考究の足跡を四ページにわたって記しても首尾は芳しくなく、問題を「(回転する図形)Xを直線の一部とし、一回転に要する図形も卵形であるとする」と単純化することにした。

まさしく「掛谷問題」の誕生の瞬間である。

掛谷はこの問題に対する回答としてノートに〔図1〕のようなスケッチを描いた。今日では掃除ロボットとしても知られるルーローの三角形である。

ところが、藤原松三郎は最小図形を正三角形と予想した〔図2〕。窪田忠彦からは凸図形という条件をはずしたさらに面積の小さい例が示された〔図3〕。

掛谷はさらに「直線lが一回転できる最小の凸図形を求めよ」と問い直して考究を続けた。

掛谷自身は、この問いを解決するには至らなかったが、この問いは今日までつづく数学上の深淵な未解決問題に発展し、「掛谷予想」と呼ばれるようになった。

この間の経緯は新井仁之氏が詳説しているので、興味のある方は参照されたい(『数学セミナー』2000.8「特集:掛谷の問題と実解析」)。

掛谷問題に関する逸話が矢野健太郎の『ゆかいな数学者たち』に掲載されている。掛谷は矢野になぜこのような問題を思いついたのかと聞かれ、

「昔の武士は何時敵が襲ってくるかわからない。厠へゆく時も短い槍を構え厠へ入っただろう。もし、敵が襲ってきた時に槍を振り回すことのできる厠の面積はどのくらい必要であろうかという問題が浮かんだ」と答えたそうである。

この話は矢野健太郎の作り話であるらしいが、咄嗟に掛谷は古武士のような北條時敬総長の面貌を脳裏に浮かべて応じたのではと思わせる真実味のある逸話である。

掛谷はその後、昭和三年(1928)に「連立積分方程式及び之に関連せる函数論的研究」で帝国学士院恩賜賞を授与された。

[図1]掛谷の図形

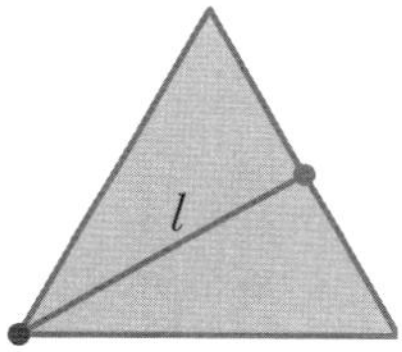

[図2]藤原の図形

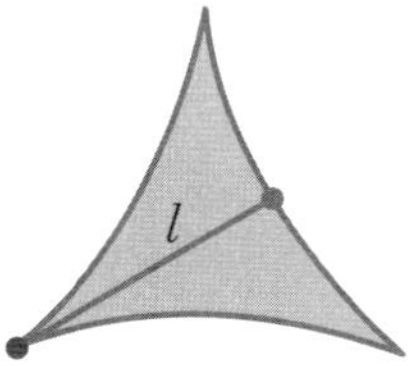

[図3]窪田の図形

掛谷の最後の弟子として東京大学で薫陶を受けた林知己夫は、恩師の学風を受けついで第七代統計数理研究所所長となり、データの科学の先導者となった人物である。林は、研究所を去る時の最終講義で、恩師にして初代統計数理研究所所長・掛谷宗一の人となりを披歴している。コーヒーは飲まない、毛唐嫌い、外国人の文献を読まない、ガウス分布を嫌う、何事も自分で考え、他人の論文を読むな、等々。恩師の言うとおりに自分も弟子に教え込んできた……。

林知己夫は筆者の恩師でもあるが、掛谷宗一の教えを守り、外国人の書いた論文を読まなかった。林は誤差だらけの「汚い」データを、精緻な分析によって誤差を取り去る方法の開発に専念し、「データの科学」を独自に開発した。

なお、当初の東北帝国大学では、理学博士の学位を審査する人材が不足していたので、学位は総長推薦という形で東京帝国大学理学科に申請した。大正元年（1912）、初代総長・澤柳政太郎の推薦によって林鶴一教授に学位が授与された。

北條時敬の総長時代、総長推薦による学位授与者は藤原松三郎（1914）、窪田忠彦（1915）、掛谷宗一（1916）の三名であった。

3　田邊元と西田幾多郎の出会い

この活気に満ちた数学教室に大正二年（1913）、田邊元が理学部講師として赴任してきた。田邊は東京府立四中（現戸山高校）を首席で卒業し、東京帝国大学理科大学数学科に入学したが、文科大学哲学科に転科して卒業している。

西田幾多郎は京都帝国大学の哲学の教授になって以来、たびたび講演依頼を受けて、東北帝国大学を訪れ、北條総長とも会っていた。そこで、田邊元と出会い、ひんぱんに書簡を交わすようになる。その数は二〇三通にも及ぶ。

東北帝国大学講師時代の田邊元

大正三年、西田幾多郎は元旦早々に田邊元に次のような手紙を書いている。

……貴学総長の北條先生は小生が高等学校時代の数学の先生にして小生特に先生より愛せられその後今日に至るまで極めてご懇意に相成り候。先日、当地にて逢い候故貴兄の御事を話し、書籍など御研究の便宜を計られるよう話し候ところ先生も承知居られ候間ちと書籍など尊校にて求めてもらう方よろしからんと存じ候。

（大正三年一月一日、西田より田邊へ）

田邊元は大正七年（1918）、京都帝国大学で「数理哲学研究」により文学博士号を取得、翌年、西田幾多郎の招きにより京都帝国大学文学部助教授に就任した。西田と田邊は当初数学を志して哲学科に転じたことなど、共感する面が多々あったことと思われる。
西田幾多郎が初期の段階で創作した詩がある。

我が心深き底あり、喜びも憂いの波もとどかじとおもふ平成七年（1995）文化人切手が発行され、西田幾多郎の肖像と共に彼の哲学者としての真情を吐露していると思われるこの詩が掲載された。数学を能くする者が哲学を学び直すその契機は、本人にしか理解できない感性のしからしむところであろう。

晩年になって西田幾多郎は弟子の下村寅太郎（哲学）の縁で、末綱恕一《すえつなじょいち》と深い交わりをする。末綱恕一は高木貞治の末弟子であり、統計数理研究所の第二代、および第六代の所長であった。初代所長の掛谷宗一は、就任して半年もたたぬうちに風邪がもとで他界したのである。末綱が二代目所長となった時は、東大教授を兼務していたので適任者が決まるまでのつなぎであった。東大を定年退職した後に、第六代目所長としで任期をまっとうし、第七代目所長の林知己夫に引き継いだ。

4　仙台の日々

まもなく北條一家は、赴任早々に入居した一富豪の別荘から大学近傍に新しく建てられた総長官舎に移り住んだ。

北條時敬は、数学仲間の議論に加わることもあったが、自ら数学研究をすることはなかった。彼は総長の職務を果たしてから、夜半から明け方までもっぱら道義に関する写本の類を筆写し、その数は膨大なものになった。

道徳学はもとより、自然科学、漢学においても「義理」の学こそ肝要として、古人の訓育や古今の歴史をひもとき、夜を徹して同僚たちと議論したりすることもあった。

長女・茂は警視総監・丸山鶴吉に嫁ぎ、長男・敬太郎は兵役で郷里金沢の第九師団歩兵第七連隊に入営した。次女・薫と四女・潔子は夭折したので、一家は三女・絲、次男・恭次郎、五女・鎮子、六女・幸子と薛夫人の六人であった。在仙中、三女の絲は加賀出身の軍人で海軍中将の草鹿任一と結婚する。

北條家の彼の書斎には常に灯りがともっていた。北條は生涯を通じて多くの時間を読書にさき、一万冊の蔵書を抱えるようになった。没後、それらは広島大学、金沢大学、石川県立図書館、日本青年会、前田侯爵家、宮城県立図書館、日本棋院にそれぞれ寄付され、金沢大学図書館には北條文庫が整理されている。

彼は生涯を通して古武士のごとく端然と物事に接していた。

家庭における北條時敬の姿は三女・絲の談話から十分に読み取れる。

「その日常生活を一口に纏めて言えば、生き残りの〈古武士〉と言えば最も如実に言い表すことができそうです。私は家にあって、父が横になって寝転んでいる姿をただの一度も見たことはなかった。いつも学校から帰ってくると、きちんと和服に着替え、羽織袴で端然としておられた。食事は奥の間で一人、正座して御膳でしておられた。立ち居振る舞いは物静かで仕舞のようであり、妻子に対する言葉づかいも威厳があり、それでいて、脱俗ではあるが何とも言えぬあたたかみがあった。酒色は遠のけ全くの武人の姿そのものでした」。

北條時敬の生涯を記述した上杉知行は、次のように人間北條時敬を記す。

「人間が人間の道を歩むという事は、人間にとってこれ以上に厳しいことがあるであろうか。もし、地球上の全人間が人間の道を歩んでいたならば悲惨な戦争という血みどろの歴史は残らなかったであろう。また世界は文化という名のもとに〈一つ〉であったであろう。人間が人間の道を歩むという事は人間に課せられた天与の使命であったはずである。だが、ここに一人、人間の道を歩んだものがいる。名を北條時敬という」。

総長として北條は東京と仙台、さらには農学科のある札幌まで往復して公務をこなし、教育経営者としての風格を確たるものとした。

5　開かれた女子学生の道

東北帝国大学生となった
黒田チカ

東北帝国大学初代総長・澤柳政太郎は、文部官僚として教育改革に辣腕をふるった人物である。彼の重視した教育政策の一つに、「女子教育」があった。

当時の社会通念は、女子は良妻賢母たるべく努力し、家庭円満、子どもの教育に専念すべし、であった。いかに優秀な者でも、女子であるという理由だけで、帝国大学進学を許されなかったのである。

澤柳には、学問においては断じて身分による差別も男女差別もあってはならないという信念があった。

欧米諸国の女子教育の実情を十分に検討して日本の女子教育の遅れを痛感した澤柳は、新世紀にふさわしい研究重視の帝国大学に、男女平等政策を導入すべしと主張した。日本が欧米先進諸国と堂々と肩を並べるための必須事項として、女性の大学教育をあげたのである。

しかし、文部省の対応が芳しくなく、第二代総長・北條時敬が赴任した時にはまだ女子学生はひとりもいなかった。

北條は、澤柳初代総長のかかげた理念を実践するべく、仙台と東京を何度も往復して文部省と折衝し、学問の自由と平等性を保証する「教育体制の確立」につとめた。

北條はついに文部省専門学務長から「女性入学に関する照会状」を取り付け、日本で初めての女性の帝国大学生受け入れの許可を得た。

日本初の女性帝国大学生は、第二代東北帝国大学総長・北條時敬のもとで誕生した。

大正二年（1913）、東北帝国大学理科大学に三名の女性が優秀な成績で入学した。化学科に東京女子高等師範学校（現お茶の水女子大学）の助教授であった黒田チカ（二九歳）と日本女子大学校の助手であった丹下ウメ（四〇歳）、数学科に東京女子高等師範学校の教務嘱託であった牧田らく（二四歳）である。　最高学府に入学を許可された彼女たちがどのようなスタイルで入学式に臨むか、服装はもとより髪型にいたるまで、当時の新聞紙上をにぎわした。

彼女らは卒業後、日本における女性科学者のパイオニアとして活躍し、多くの後進を育てた。

なお、北條校長時代より後のことになるが、西田幾多郎の姪・高橋ふみ（1901–1945）が大正一二年（1923）に新設された法文学部の第三回生として入学し、哲学を専攻、昭和四年（1929）に卒業している。高橋ふみは、石川県出身者、東京女子大学出身者として初の女性学士となり、ドイツに留学してハイデッガーのゼミナールで研鑽を重ねた。またドイツ滞在中以来、西田幾多郎の論考を独訳して、西田哲学を西欧世界に本格的に紹介した初の日本人ともなったが、残念ながら結核に冒され、早逝した（浅見洋『西田幾多郎の姪・高橋ふみの生涯と思想：おふみさんに続け！女性哲学者のフロンティア』ポラーノ出版）。

エリートが集まる帝国大学には、現職の師範学校教授やナンバースクール教授たちが、本格的に学び直そうと、学生となって入学してきた。かつて先生であった者が教え子の学生になるという具合に、師弟関係が逆転することも多々あったようである。

東北帝国大学の助教授であった掛谷宗一の話によれば、高等師範学校その他の高等学校を卒業して中学や高校の教師であった先生たちが、東北帝国大学の二次試験に合格して入学してくることが、多かったそうである。掛谷が中学校時代に習った先生が、掛谷の講義を聴きに来ることは珍しくなかった。

年齢差もあまりないため、誰が先生で誰が学生かの区別をつけるために、当時大学の教授たちはカイゼル髭を生やしていたのだそうである。

掛谷宗一がカイゼル髭を生やしていることに興味を持ってその訳を訊ねた矢野健太郎に、掛谷が明かした話である。

教室の中では「掛谷先生」と呼んでいた学生が、一歩教室から出たとたんに「おい、掛谷」と呼ぶので、威厳を保つために自分にはまったく似合わない髭を生やしたそうである。

実際、当時の東北帝国大学の学生は、教授や助教授よりも年上の人が多かった。学問を究めたいと如何に望んでも、中学、高校、師範学校などの教師たちにはなかなか難しかった。門戸開放は女性だけではなく、学問への情熱をもつ教師などすべての者たちのために実施されたのであった。

北條は、理科、数学、農学の三科しかなかった東北帝国大学に、さらに工学、医学、法文学などの分野を加え総合大学にする構想を抱いていた。

すでに大学付属としては医学専門学校が設置されていたが、この分野が東北帝国大学に繰り入れられたのは大正四年（1915）の九月のことである。札幌の農科大学は、大正七年（1918）、東北帝国大学から分離して北海道帝国大学と名称を変えることになる。

研究第一の学術大学として広い学問領域に一流の研究者を擁することは、東北帝国大学総長・北條の悲願であった。

北條は先代総長・澤柳のあとを継ぎ、「門戸開放」、「研究第一主義」を徹底的に実行して、東北帝国大学の名を世界に広めたのである。

しかし、運命の歯車はまた新たな方向に回りはじめる。

おりしも明治四五年（1912）、明治天皇が崩御され、東京の学習院院長・乃木希典夫妻が殉死したのである。しばらく院長は副院長が兼務していたが、いかにせん副院長は陸軍大臣・大迫《おおさこ》尚敏《なおはる》であり、父兄から軍務教育ではなく普通の教育者を院長に立ててほしいという意見が大勢を占めた。

当時、学習院は東京帝国大学よりも格上であった。東京帝国大学総長であった山川健次郎に北條時敬を説得する役割が回ってきた。陰には文部大臣となった岡田良平の強い意向があった。すでに還暦（教え年六〇歳）を迎えていた北條時敬は、東北帝国大学をさらに発展させ、多くの俊英を世に送り出し、次世代の育英の集大成を念じていたはずだが、まったく異質の世界、学習院の院長として招請されることになった。

第八章

学習院院長の職責

1　院長承諾まで

参禅仲間の鈴木馬左也
（住友史料館所属）

東北帝国大学で「研究第一」を掲げて大学教育の礎を固めていた北條時敬に学習院院長の勅命が下ったのは、数え年で、還暦を迎えた年であった。

大正六年（1917）八月九日、北條は文部大臣・岡田良平から、上京するようにとの電報を受け取った。

文部大臣の意図が何であるかも知らぬまま、北條は暢気に構えて翌日の夕方に東京へ出発する。かねてより妻や二人の娘、鎮子、幸子と上京の約束をしていたので、四人連れで仙台を発った。穏やかな家族旅行のつもりで、彼らは夜行列車で車中泊し、上野に到着したのは電報を受けてから翌々日の早朝であった。

妻子を予約してあった旅館に送り、早速文部省に赴き事務官と面談した。事務官の指示に従い、岡田文部大臣の私邸に行って、初めて北條は予想もしなかった学習院院長就任の要請を受け、愕然とした。

いったん旅館で家族と合流し、午後、妻子に自由に行動するように告げて、波多野敬直《よしなお》宮内大臣と面談するために官邸に赴いた。北條は波多野大臣に、学習院院長の職を固辞する旨を切々とうったえたが聞き入れられず、回答を保留し、熟考することを約束して官邸を退出するほかなかった。

翌日、北條は池袋の東京帝国大学総長・山川健次郎宅を訪れた。懇談二時間にも及び、辞退できるよう助力を懇願するが、山川は首を縦にふらなかった。山川自身が北條を学習院院長に推薦したひとりであったからだった。

さらに翌日早朝、北條は岡田大臣邸を訪れ、学習院問題に関する意見を伝え、何としても固辞したいと情を尽くして粘った。しかし、やはり受け入れられなかった。

しかたなく妻子のいる旅館に戻って事情を伝えるが、北條の心中を理解できる者はいなかった。北條が躊躇しているのは、年のせいで学習院院長の職は重いのではないかと案じる程度であったろう。学習院院長就任を固辞するために苦慮する北條を残し、母と娘たちは黙々と東京見物を遂行するほかなかった。楽しいはずの東京見物も重苦しいものになった。

その夜、宮内次官が九時過ぎに訪れ一二時まで懇談した。北條は辞退の旨を切々と訴えるが、宮内次官は聞く耳を持たず、丁重な挨拶をして帰った。

翌日、北條は改めて岡田大臣を訪れ、情を尽くして辞退の旨を伝える。だが一高の同僚時代から北條の人格と学績を高く評価している岡田大臣は、学習院を難局から救い出せるのは、北條をおいて他にはないと確信していた。

電報を受けてから六日目の夜、ついに岡田良平は波多野宮内大臣の強い意向を北條に伝えた。もはやいかなる辞退の理由も霧散したことを北條は知るほかなかった。

翌日、文部省次官室にいた北條めがけて新聞記者などの報道陣が闖入し、彼を質問攻めにした。北條は、改めて学習院院長問題がいかに世間の注目を浴びる一大事であったことを痛感した。露骨な質問を浴びせる報道陣に、北條は沈黙を通した。

心配した早川千吉郎、平沼麟一郎、土岐僙などの友人たちは学習院院長就任に反対し、辞退するよう助言した。だが、もはやどうしようもなかった。

翌日、北條は金沢啓明学校時代の友人・鈴木馬左也の御殿場の別荘へゆき、新聞記者連中の攻勢から避難した。ゆっくりと入浴して晩食を楽しみ、鈴木と研究特許、国事、私事こもごも懇談し、疲れた心身を休めることができて熟睡した。鈴木馬左也は、内務省官僚から住友に入社し、第三代住吉総理事となって住友財閥の多角経営、巨大化に貢献した人物である。

鈴木の別荘で心身ともにリフレッシュした北條は、翌日、岡田文部大臣の私邸を訪れ、学習院院長就任受諾の決心を明確にした。

この間の北條の足取りは彼の日記に詳しいが、上京してからは、ただひたすら学習院院長を固辞するために奔走する日々であった。

その間、濱尾新東宮太夫《とうぐうだいぶ》に会って事の経緯を報告した。当時六八歳の濱尾は、東京開成学校、帝国大学、東京帝国大学と変遷したいずれの学校においても、校長心得や総長として大学管理運営の要職につき、第二次松方内閣で文部大臣もつとめた経歴の持主である。

かくして一二日間にわたる東京滞在は終わった。上京するときには予想すらしない結果となった。

北條は東北帝国大学の同僚から惜しまれながら、杜の都・仙台を去ったのであった。

2 学習院の特殊性

当時の学習院は貴族、華族の子弟たちが学ぶ学校であって、一般庶民の進学できる学校ではなかった。旧宮内庁の外局として設置された官立学校であり、東京帝国大学よりも格上とされ、たとえ帝国大学の総長であっても学習院院長に異を唱えることは遠慮した。薩長閥でもなく、一般庶民の北條時敬が院長に就任したのは、異例中の異例といってよかった。

一〇代目の学習院院長であった乃木希典陸軍大将が明治天皇の後を追って殉死した後、一一代目の院長は薩摩出身の大迫尚敏陸軍大将が「人格徳望共に乃木と遜色なし」としてつとめていた。つまり乃木や大迫のような軍人が学習院院長であるということは、同校が「尚武教育」に

東京帝国大学総長・
山川健次郎

徹する教育方針であることを示している。

岡田文部大臣や、北條の力を評価していた東京帝国大学総長・山川健次郎の思惑は、「尚武教育」を改革して「北條教育」を同校にひろめることにあったのだろう。

北條が考えた学習院改革のための教育方針は、まず、教育対象を華族に限らず一般にも開放し、学習院を帝国大学なみの水準にまで押し上げて、国家のために活躍できる多様な知的人材を育成することであった。

北條は日光に滞在していた大正天皇を表敬訪問して学習院院長就任を報告するため、正装して院長官舎を出た。人力車を疾駆させ、上野駅で陸軍大将・中村覚と同乗した車で日光にいたり、宮内庁差し迎えの馬車に乗り変えて、田母沢御用邸に着いた。

まず、波多野敬直宮内大臣に着任の挨拶をしてから、大正天皇に拝謁して就任のお礼を述べるというしだいであった。皇后陛下に挨拶をして後、昼食を大臣室で饗され、大臣と学習院の内情についてこまごまと相談した。

翌日、学習院で大迫前院長と引き継ぎの挨拶をして、九時に講堂に職員を集めて新任の挨拶をした。

翌日は朝の七時に院長官舎を出てから、まず総理大臣官邸に赴き、新任の挨拶をした後に学習院に出勤した。十時の始業時間に各宮殿下、学生一同は講堂に集合、新任対面の礼を受け、御聖影拝礼、勅語奉読。こうした式次第は、当時の決まりであった。

午後に寮長会議で寄宿費、禁煙などの問題について話し合った。そこで、北條院長は鈴木貞太郎に会うのである。

3　鈴木貞太郎（大拙）との巡り合い

北條院長が就任したとき、金沢の石川県専門学校および四高時代の教え子鈴木貞太郎は学習院の学寮長になっていた。

鈴木貞太郎は明治三年（1870）一一月一一日、金沢市本多町に加賀藩士族で医師であった父母の四男として出生した。同年五月一九日、金沢に近い河北郡宇ノ気村の村長の家に西田幾多郎が出生しているから西田の方が六か月ほど兄貴分である。

鈴木が在学した時、北條時敬は数学と英語の教師であった。鈴木は家庭の事情で一年学んだだけで退学し、小学校の教師になる。

「加賀の三太郎」のひとり
藤岡作太郎
（金沢ふるさと偉人館提供）

終生変わらず北條時敬を師と仰いで慕い続けた教え子のなかでも、明治三年生まれの西田と鈴木と藤原作太郎は「加賀の三太郎」と呼ばれ、また西田と鈴木と明治四年生まれの山本良吉は「加賀の三羽烏」と言われ、後世にも多大な影響を及ぼした逸材たちである。

鈴木は父の死後、家計が逼迫して苦労していたが、文才があったので金沢の『北國新聞』の主筆を兼務するなどして生活していた。

鈴木は明治三〇年（1897）三月、「大拙」の居士号を授けてくれた釈宗演《しゃくそうえん》師に、アメリカの東洋学者・ポール・ケラース博士の関係していた出版社オープンコート社に勤務するよう推薦されて渡航し、シカゴ近郊のラサールで生活することになった。オープンコート社で東洋学関係の書籍を出版するかたわら、自らも『大乗起信論』を英訳したり、『大乗教概論』を英語で著したりして、禅および仏教文化の普及につとめた。

またたく間に一一年が過ぎ、鈴木大拙は明治四一年（1908）二月、帰国の意志を出版社社長に伝えた。すると社長の好意でヨーロッパを回って日本に帰国することになった。二七歳で日本を離れた大拙は、三八歳になっていた。

大拙は帰途、ロンドンで国際スウェデンボルグ協会大会に日本代表として出席したり、万国宗教会議では東洋部副部長に選ばれたりして活躍した。

おりしもロンドンには、北條時敬が第一回万国道徳教育会議列席のために滞在していた。それを聞きつけた大拙は早速手紙を書いて約束を取り付け、九月二二日、北條の宿泊するホテルを訪れた。

北條時敬は日記に以下のように記している。

「鈴木氏はオックスフォードにおいて、宗教歴史に関する万国会議を終え、明日フランスに行くことになっており、その合間に訪問してくれた。鈴木氏には二〇年来、初めて面会して、大変喜びを覚えた。鈴木氏はオックフォード会議、並びにアメリカに関する概況を話した。大乗仏教に関する英文の著述がある。その他禅の主意を外国人に紹介した功績は、現在は鈴木氏一人に帰すべきものと思う。同氏は学生時代には優秀な人物ではなかったが、その後座禅を収め、一三、四年も米国に居住し、仏教の原理を英文に翻訳して日月を経て稿を為せるには、実に感賞に堪えない。その風采は依然として昔日の人であるけれども、その変わらざるところにおいて、小を積んで大を為すの一模範を見るべきである」。

まさに「実に堅忍勉学、身を立てたる一人物である」と、二〇年ぶりに会った師を感嘆させる人物に成長していた。昼食後大拙は丁寧に挨拶して北條のもとを辞した。

大拙は明治四二年（1909）三月に神戸に到着。早速山本良吉宅に寄り、西田幾多郎も呼びよせて、三羽烏は積もる話を語らい合った。西田幾多郎はその時学習院のドイツ語教授であった。

大拙は藤岡作太郎などのつてを頼って東京帝国大学の英語の教授の席を打診したが、学習院の数学教師をしていた吉田好九郎の勧めで学習院の英語講師となった。

明治四三年の九月一日、鈴木大拙は西田幾多郎と同じ教官服に身をかため、新任の紹介を受けている。翌年には講師から英語教授となった。

学習院院長は乃木希典、二人の親友はともに四〇歳、不惑の年を迎えていた。

同年二月三日、東京帝国大学助教授であった藤岡作太郎は心臓まひのために死去していた。当時としても早逝といえる若さだったが、彼はもともと喘息持ちの病弱な体躯であった。

西田は一年間で学習院を去り、京都帝国大学へ移籍した。

やがて鈴木大拙は学習院で寮長も兼ねることになり、学生たちの対処に苦慮するようになった。そこへ、北條時敬が乃木希典、大迫尚敏院長のあとを継いで第一二代院長として赴任してきたのである。

4　学習院寮の問題と山本良吉の起用

大正六年（1917）、北條院長室を初めて訪れた鈴木大拙は、師とロンドン以来の再会を果たすことができた。大拙は第三寮長として苦労の多い日々を訴え、学習院問題がかなり深刻であることを伝えた。

北條は山口高等学校を始めとして学生寮問題に関しては経験がある。風紀紊乱だけが問題ならば方途はある。しかし寮生たちは華族出であり、それもさまざまな位を持つ華族の集団であった。

北條は家族を小石川区小日向台町に借りた邸に住まわせ、自身は単身目白台にある学習院院長官舎の人となった。夜遅くまで起きて朝寝坊で知られていた北條は、碁も謡曲もやめ、毎朝七時ごろから院長事務に取り掛かった。

無刀流の剣士でもあった北條は剣道の極意「決して功を焦ってはならぬ。何に寄らず世事全てがそうである。功を急がんとすれば反って仕損じるものである」の剣道精神に徹していた。それはまた、学習院院長の任務を全うするための根本精神であった。

学習院の教師陣は、尚武教育派と北條教育派の二派に分かれ、なかなか和解の方途は見出せなかった。二派の陰に陽にわたる確執がやまない学習院経営は、至難であった。

北條の真摯な理念に心から共感する教師陣もいた反面、外部に北條は朝寝坊で深夜まで碁三昧、謡曲三昧とのうわさを流す者たちもいた。還暦を越した北條を老骨石を咬むなどと揶揄する者もいた。

北條はいっさい弁解しなかった。

「事の成否に対してなんら弁解はしない」という鉄則を守りとおした。

しかし、情勢はますます険悪なものになってゆくのを肌身に感じていた。

寮生対策のため、連日のように寮長会議が行われた。まず父兄の認識改革こそ必要であるとした。

九月三〇日八時半、北條院長は四谷初等科の父兄会に臨んだ。一〇時、父兄は講堂に集まり、石井主事の演説の後、北條院長は教育方針および家庭との連絡について訓示した。

「即ち学校教育には一定の目的がある。学習院においては特に特殊目的あり、教育上統一あることを緊要とする。家庭はこの統一に関して、学校に絶対服従すべき必要ある。しかし、学校は児童の個性を認め、これに適応することを容認する余地がある。この余地において家庭の要求を聞きたい、その旨をここに厳命する」。

着任早々、貴族や上流階級社会の父兄たちに、学校に絶対服従すべきと断言する姿勢には、北條の固い決意がうかがえる。

その後、運動部の上級生の下級生に対する暴行事件が起こり、処分をめぐって討議された。寮長の鈴木大拙も「非行根絶の方法」を皆と探った。

午後四時より官舎に寮長、副寮長、その他の幹部教授二三人を集め、寮長会議が開かれ、討議は延々と続いた。晩食は鴨の茶わん蒸しで、宮家より頂戴した三宅鶏卵及び御菓子を饗した。食後さらに討議を続け夜中の一時にいたり、大体の案が決定して、北條は二時にやっと眠りにつくことができた。

大正七年(1918)一月二日、北條時敬は伊勢神宮に参拝した後、京都に向かった。京都の旅館に京都帝国大学教授となっていた西田幾多郎、同大学学生監・山本良吉、京都府立一中学校長・森外三郎らの教え子が訪れた。

北條は日記に「学習院その他の教育問題を話し合って十一時を過ぎる」とこの時のことを記している。この折、北條は京都帝国大学総長の内諾をえて山本良吉に学習院へ来るよう要請していたのである。学習院寮の刷新には、山本良吉こそ必要であると見込んでいた。

六日の日曜日、山本良吉が訪ねてきて承諾の意を伝えた。

山本良吉は五か所ある学習院寮の総寮長に就任した。

北條の意を受けた山本はかなり厳しい総寮長となった。京都帝大寮監の目から見れば、学習院の指導方針は生ぬるいものと映ったのであろう。

山本良吉学習院登院の次第を教え子の藤井種太郎は次のように追悼している。

「応接間で待っていると戸をあけて入ってきたのは何と山本先生であった。驚いて訝しそうに眼をやると、先生は、実は三月ほど前に突然北條先生が京都に見え、この度学習院に転じたのは、宮内大臣の強い要請があってのことであろう。……父兄たる華族たちは、時代の変化につれて、軍隊的教育に不満を感ずるにいたり、新教育をと希望するので、北條先生が新たに選ばれ、懇請されて新院長に就任した。ついては、この新たなる任務遂行にあたって、是非同心の後輩たる山本先生を望まれるとのことゆえ、急に意を決して、京都帝国大学学生寮を辞して学習院に転ずることとし、一両日前にやっと転任してきたところだというのである」。

学習院職員一覧を見ると、要職は北條時敬の教え子が占めている。北條はこのように意の通じる面々で布陣を張って、学習院教育の改革に臨んだ。

5　北條院長の評判

学習院における北條院長の職務には容易ならざるものがあった。要所の布陣を固めたとはいえ、反対派の教授連の勢いも相変わらずだった。

当時の学習院は全寮制で、山本良吉を総寮長とし、高等学科寮長・鈴木大拙、中等学科寮長・藤井種太郎、初等学科寮長・鳥野幸次が私事を捨てて学寮のため、学生のために尽力した。北條院長の反対派は、華族意識に固執し、乃木・大迫ラインの武断的教育賛成者が多かった。

北條院長は学習院に「大学」の設置を計画していた。これもまた内部分裂の火種となった。

大正七年（1918）九月二九日、原敬による最初の政党内閣が成立し、文部大臣は岡田良平から

貞明皇后陛下には帝王教育についてアドバイス

金沢出身の中橋徳五郎に変わった。

中橋は北條より三歳年下で、金沢啓明学校の後輩である。彼は東京帝国大学法文化選科を卒業し、大学院で商法を専攻している。

同郷のよしみもあって、中橋文部大臣への期待は高まった。

その後の宮中における学習院評議会において、大学設置問題を検討して大体が賛成、時期に関し審議を要するとの意見で一致をみた。しかし、北條を高く評価したはずの山川東京帝国大学総長が反対派に回った。北條は山川の真意をいぶかしんだことであろう。

北條のあとに就任した学習院院長は陸軍大将、教育総監・一戸兵衛である。山川総長は第三〇代文部大臣となった元紀州藩士・鎌田栄吉と組んで教育評議会に軍事予備教育を提言し、現役将校を体育の実践教員に起用したのである。

山川総長は学習院の混乱を収めきらない北條一派の手腕に見切りをつけていた。

『男爵山川先生伝』によれば、大正八年四、五月はほとんど連日にわたり評議会や特別委員会が開かれ、学習院の大学創設についても議論されたが、結局そのままお流れになった。

同年四月一六日、学習院某教授が山川先生を帝大総長室に尋ね、学習院院長の不評判について院内が動揺していることを告げた。今回の紛争は北條院長と数名の教授との対立を中心としたもので、北條院長の統制力不足のため院内が紛糾していると。

大正八年五月一四日の山本に宛てた西田の手紙には、北條先生の評判がよくないことが京都にも伝わってきたと記されている。

はなはだ遺憾ではあるが、北條先生の評議会の答弁などが稚拙であるとか、主として教授に金沢県人を用いるとか、広島高等師範の人材を起用するなど、自分の弟子ばかりを採用することが問題であるらしい。北條先生は胸中にこの事態に対して成算あるのか。先生はどうやら自分の意志を他者に伝えることが稚拙に思える。これがすべての誤解の原因ではないか。北條先生は出処進退を迷われる人ではないのに今となってはそれはやむを得ない事態であると書かれている。

一〇月二二日になって、学習院評議会の有志は学士会館に集まって長時間協議した。その結果、メンバーのひとり山川総長は宮内大臣を訪ね、自分の立場を述べ、北條氏を院長に推薦した不明を陳謝した。

山川総長が翻意した背景には、何らかの政治的意図があったことがうかがえるが、詳細は余人の知るところではない。学習院という特殊な学校に清廉な北條教育の入り込む余地がなかったとみるべきであろう。

その後、北條院長は山階宮殿下に随行して千葉に出かけ、数日間東京を離れていた。その留守を狙い「評議会有志」が参集して院内クーデターを起こした。

翌年北條は深夜一人机に向かい辞表を書く。山本は西田に手紙を書く。

「北條先生の辞任はやむなきことになった。教育者として先生が最終の功を全うされなかったことが残念でたまらない。小生もしばらく学習院にいて多くのことを学んだ。多少は華族富豪なるものを知り、今日にして思うには、その人々にどうして教育をすることが出来ようか。小生の知るところ、ことごとく駄目である。彼らに特有の気まぐれ、我儘と意志薄弱、肉欲にふけること多く、そのような輩に到底北條教育を施すことなぞ無意味である」。

西田は山本に返信する。

「北條先生の辞任の件、いつ発表になるだろうか。もはや学習院のようなところにゆく人はいなくなるだろう。大拙は京都の大谷大学に来る考えはないかどうか打診してほしい」。

北條先生のいない学習院に長くとどまるつもりはないという返事とともに、鈴木大拙は京都の大谷大学の教授となって学習院を去った。

三月の期末成績会議では、院長に感情的に反応する教授連が多々集まった。

彼らの学生への人情の足りなさを痛感した北條は「人情の薄きを見る」と日記で断じた。このような激した言い方は、これまで北條の日記には見られなかったものである。

卒業準備委員会における山本の最後のメッセージは、北條教育の在り方を徹底的に論じたものである。

これを聞いていた北條は感銘をうけて、山本良吉を「群鶏の一鶴」と評したという。翌日、山本は北條を訪ね、北條とともに学習院を辞任することを伝えた。

北條院長在籍二年間の感慨をつづった藤井種太郎の追想文がある。

「二年の歳月が流れた。此の間、我々は只学校のため、学生のため、終始努力を続けた。しかるに当時社会的に大なる勢力を有せし学習院父兄会は、初めての文官院長たる北條先生の教育を〈まだるい〉としてこれを退け、宮内大臣に迫り、再び陸軍大将を院長に押すことに逆転した。北條先生は辞任し、山本先生は休職となり外遊され、私は退職し、同心の人々の多くは他に転任するに至った。……さりながら、事理の推移に淡々としていられた北條先生や、山本先生は、決して泣き言を言わなかった。思うに北條先生、山本先生には、鈴木大拙氏はもとより〈加賀禅〉の心境に相通ずるところあるによるのであろう」。

「加賀禅」とは、北條時敬、西田幾多郎、鈴木大拙などの根底を育んだ「禅の哲学」をさす。本来、禅とは何も考えず無心になることである。しかし、哲学は考えることを目的とする。禅が哲学になるためには、如何になすべきか、それを考えるのが北條哲学であり、西田哲学であり、鈴木大拙の禅学であった。これは北陸地方で練られた道元禅師の『正法眼蔵《しょうぼうげんぞう》』が示す曹洞禅や円覚寺の今北洪川師の臨済禅への参禅を重ね、後進を指導する日々の実践で模索し探究しつづけたものであった。

その後、北條は山本良吉の将来を考えた末に、四月二九日に大阪へ赴いた。北條は、山本良吉が自分と進退を共にして学習院を退いたことに深く責任を感じ、かねてからの希望どおり在外研究員として教育事情視察のため外遊できるよう文部省当局に働きかけたのである。

北條日記には、大阪倶楽部において安宅弥吉に面会懇談して、一万円の支度金を支援してもらったことが記されている。

五月四日、北條は山本を訪ね、海外視察支度金の旅費・生活費等一万円を安宅氏から援助されたことを告げた。北條の東北帝国大学総長時代の年俸が高等官一等二級五千円であるから、一万円はその倍、相当な額であった。

山本良吉は六月二一日、「欧米における学生生活状況調査」を委託するという文部省の辞令により、学習院を去って渡米した。

教育界に身を投じて三五年、長い旅路であった。勤務校も七回変わった。前半は数学者として教壇に立ち、後半は教育行政官として文部省との折衝に奔走した。

北條は学習院を六二歳で退職した直後に宮中顧問官に任ぜられ、六月二日に貴族院議員に勅選された。

かくして晩年は国会議員の一人として政治家の道を歩むことになる。

学習院退職後も北條は高松宮家はじめ、宮家との交流を重ねた。皇太子殿下（後の昭和天皇）の教育に関して貞明皇后陛下とも頻繁に懇談し、帝王学についての助言をした。

第九章

武蔵高等学校創立

1　根津育英会の発足

大正デモクラシーのもと、大正期には高等教育の学制改革が推進された。これに刺激をうけた財界人・根津嘉一郎は、育英事業に私材を投じる決意を固め、親交のあった宮島清次郎、正田貞一郎に相談してこの計画を始動させた。参議官・本間則忠はヨーロッパの教育施設を視察し、フランスのリセやドイツのギムナジウムのような「社会の中核となる人材を育てる」ことを眼目とした学校創設の構想を根津に熱く語った。

また、臨時教育会議総裁であった平田東助は、同会議内の改革派と目されていた一木喜徳郎《いちききとくろう》（岡田良平の弟・枢密顧問官）、岡田良平、山川健次郎、北條時敬の四名を根津の顧問役として推薦

古美術の収集家でもあった
根津嘉一郎

した。

根津嘉一郎は本間、平田、および四人の顧問たちと学校創立の構想について協議を重ね、大正八年(1919)、まず創立理念をうちだした。

「優秀な小学校卒業生を入学させ、これに理想的な教育を施し、完全な教育育成をすることを期待するという目的を為すために、出来うる限り長期にわたり在学する必要がある」。

この構想は三年後に公表され、財団法人根津育英会を経営母体とする私立武蔵高等学校が創立された。

武蔵高等学校は、尋常科から七年間の一貫教育を旨としてスタートし、大正一五年(1926)四月に尋常科修了生の進学にあわせて文化・理科よりなる高等科が設置された。さらに三年後には、七学年の一貫教育を受けた卒業生を初めて世に送りだした。

各学年は四〇名、二クラスの少数精鋭主義を採用し、教員もとくに尋常科、高等科と区別せず、生徒に対して早い時期から高度な知的刺激を与える教育方針を取った。

初代校長は一木喜徳郎、教頭には北條時敬の推薦によって山本良吉が就任し、二代校長を山川健次郎、教頭は同じく山本良吉、三代校長に山本良吉が就任し、教頭もおかず校長・教頭を一人でこなした。

2　武蔵高等学校の三理想

大正一〇年（1921）、北條時敬は元広島高等師範学校の英語教師スミスを伴い朝鮮を視察し、さらに単身満州に向かい、帰国後の九月九日、重篤な急性肺炎に罹患して重体となった。さらに一年後の六四歳に脳溢血を発症して倒れたが軽症ですんだ。

学習院を退官しても、北條の教育に関する熱意は冷めやらず、教育改革の構想をさまざまに展開した。

武蔵高等学校の創立理念のほとんどは、北條やその教え子・山本良吉の信念に由来するものであった。

武蔵高等学校初代校長・
一木喜徳郎

大正一一年（1922）、初代校長・一木喜徳郎が第一回入学式式辞で述べた以下の「三理想」は山本の発案であり、一木と協議のうえ式辞に採用されたものである。

①東西文化融合の我が民族使命を遂行し得べき人物を造ること
②世界に雄飛するにたえる人物を造ること
③自ら調べ、自ら考える力を養うこと

この「三理想」は、山本が三代目校長になった時に正式に武蔵高校の教育理念となった。学習院退職後、北條の計らいで欧米諸国を歴訪した山本良吉は、イギリスのエリート教育に心奪われ、日本にもイギリス紳士とは異なる日本の紳士を育成するような教育機関を創立すべきであると考えていた。

武蔵高等学校創立に深く関わることになった山本は、「武蔵高等学校はイートン校、ケンブリッジ大学、オックスフォード大学たらねばならぬ」というモットーのもと、北條教育の実践に邁進した。山本校長の厳しい薫陶のもと、七年制の武蔵高等学校の卒業生は皆きわめて優秀で、東京帝国大学への合格率は当時の一高を上回る勢いとなったのである。

武蔵高等学校では開校時より、夏期課外学習として「山上学校」、大正一三年（1924）から「海浜学校」がそれぞれ戦争で中断されるまで毎年行われた。

戦後、昭和二四年（1949）四月、経済学部経済学科からなる武蔵大学が発足し、旧制武蔵高等学校は、翌年三月、最後の卒業生を送り出して新制大学となった。

初代、二代校長の教頭を務め、第三代校長兼教頭もつとめた山本良吉は、開校以来二〇年にわたり武蔵高等学校教育の礎を築きあげたが、昭和一七年（1942）七月一二日、校長在任中に狭心症のために死去した。享年七〇歳であった。

訃報を聞いた鈴木大拙は、鎌倉から山本宅へ弔問にゆき、山本夫人から最後のようすを聞いた。山本の内臓は生きているのが不思議なくらい傷んでいたそうで、身体を酷使した結果であること疑いなしと西田幾多郎に書き送っている。

この手紙を受け取った後、西田幾多郎は、盟友の死を哀しむあまり、一日中床に伏した。その悲痛な心中は、西田幾多郎が山本良吉逝去にさいして詠んだ最後の詩歌二篇にうかがうことができる。

君去りて　誰と語らむ数々の　思いまつわる　この頃の世や

君ありと　思へば心安かりき　相見ることの　稀なりし日も

第四高等学校時代、北條時敬から数学と英語を学習し、共に机を並べて学んだ親友は、鈴木貞太郎（大拙）、藤岡作太郎（東圃）、西田幾多郎（寸心）、山本良吉（晁水《ちょうすい》）である。四人のうち、元来病弱な藤原作太郎は東京帝国大学の助教授の時、三九歳で逝去したが、今また山本良吉が鬼籍に入った。残った西田幾多郎は、三年後の六月七日に尿毒症で逝去、享年七五歳であった。鈴木大拙は長生きして昭和四一年（1966）七月一二日、聖路加国際病院で日野原重明医師に看取られ動脈血栓症で逝去、九五歳であった。

彼らは皆禅の院号を持っている。しかし、山本良吉の院号「晁水」は、禅の院号というより自ら好んでつけたペンネームのようなものであったらしい。山本良吉が参禅した師が誰であったのかはどこにも書き残されてはいない。

西田幾多郎は、「山本君の家は浅野川の上流の方で越中町というところにあった。川を隔て、卯辰山の見える辺りであった。「晁水」という号は……おそらくこの浅野川に因んだものであろうと思う」と記している（「山本君の思い出」『西田幾多郎全集』13巻）。

3　今日の青少年教育を憂う

後日、西田幾多郎の長女・彌生の夫で大審院判事・上田操による追悼文が記された。青少年育成のための含蓄にとむ、貴重なメッセージである。

おそらく世を挙げて軍国主義に傾いていた当時において、断固としてその初心を貫かれた気概は、たしかに教育界における一異才であった。……今や日本はすべての方面において、ことに青少年の教育において行き詰まりに逢着している。……無分別な虚脱感のために、日本の教育の方針は右往左往の現状である。……真に日本の将来を担うべき青

武蔵高等学校教育の礎を築いた山本良吉

少年の指導薫育に終生を捧げる誠実にして聡明な教育家の排出を切望すること誠に切なるものがある。ここに山本先生を追悼することによって、われわれの切望を幾分にても満たすためのささやかな一助とならば望外の幸せである。

（上田操『晁水先生の追憶』故山本先生記念事業会 1952）

山本良吉の教育者としての資質を見出した北條時敬の洞察力を改めて痛感するのである。北條時敬が四高を退学した西田に送った激励の手紙の中には、山本良吉の行く末を暗示するような文がしたためられている。

「山本氏は学力豊富……小生その学に富むをとり、彼氏のために一進路を開かん。……もし努力怠らずんば、中学校の良教官たらんこと疑いなし。もって庶幾《ねがわ》くは国家有用の人物と為るをえん」（明治二三年［1890］五月）。

山本良吉の人生はまさしく北條の予測したように成就したのである。西田をはじめ友人たちが、良吉を政治家や言論人に向いていると評していたのに対し、北條は彼の教育者としての資質をはじめから見抜いており、しばしば良吉に忠告と激励の手紙を送っていた。

戦後七〇年を契機に、これまでの教育体制を抜本的に変えようとする動きが活発化している。国際的視野に立ちながら、日本の文化を十分に取り入れた教育体制を実施するというお題目はもっともだが、人心もふくめた人間教育ができる教師陣が果たしてそろうのか、まことに心細い限りである。

教育にたずさわる者の教養を深めその器量を充分に発揮できるような環境をつくることが今日の教育界に求められる重要な課題であろう。

4　より良い社会のために

中央報徳会青年部
初代理事長・早川千吉郎

中央報徳会

当時の教育界を財政面で支援した多くの集団や組織の中でも、北條時敬が積極的に活動した集団のひとつに中央報徳会がある。同会は東京や大阪などの都市部に存在していたので、当時地方に居住していた北條にとっては足場が悪く、それほど積極的に動けないはずである。しかし、彼は山口、金沢、広島、仙台から東京を訪れ、青少年活動の場に身を捧げていた。このような関係を保つことができたのは、東京帝国大学大学院生で一高の教授をしていた六年間に培われた学友、同僚たちとの付き合いによるものであろう。一高の教授陣、岡田良平(哲学)、一木喜徳郎（法学）、山川健次郎（物理学）などの俊英たちはみな、報徳会のメンバーであった。

報徳会は明治三八年（1905）に活動をはじめ、大正元年（1912）に「中央報徳会」として正式に創立された半官半民の結社である。中央報徳会は二宮尊徳を顕彰する有徳の教育者、教育行政官たちの集まりで、財政面では三井、住友財閥が支援し、その創設にかかわった北條は学習院院長退任後、満を持して同会にかかわることになった。

政財界からは、住友財閥の鈴木馬左也、三井銀行常務取締役の早川千吉郎（元大蔵官僚）、平沼騏一郎（第八代大審院検事局検事総長）など錚々たるメンバーが連なっていた。

平沼騏一郎は刑法改正を機に設置された犯罪者の前科を記録するための方法を検討し、当時としては画期的な「指紋」による前科登録を導入した人物でもある（第三章参照）。

北條たちにとって、鈴木馬左也は何かにつけて財政的に支援してくれる重要な人物であった。また、鈴木馬左也も北條時敬と共に参禅の道を辿り、円覚寺の今北洪川師に師事した。

報徳会の中心メンバーは参禅を旨とする「十四会」と重なっていた。

十四会

十四会創立は明治一四年（1881）、その名称は結成の年によるとも、あるいは一四人の設立メンバーにちなんで名づけられたともいわれている。会員のほとんどが金沢出身者と東京帝国大学予備門出身者であった。創立当時の十四会は出身地域、出身校、血縁などで集まった若者たちが、宗教・学問・思想・武術・伝統的生活態度（礼式）の共同参加・共同研究を通して切磋琢磨する同士的集団であった。北條時敬は東京帝国大学理学部の学生であった。

十四会の連帯意識は非常に強いものがあった。後に、北條の招きによって西田幾多郎や鈴木大拙などが入会するにおよび、同会はますます活性化し、文化・宗教面において影響力をもつ、優れた結社となった。

金沢出身の者が多かったため、明治維新の時流に乗り遅れた旧加賀藩士としての自覚も、青年たちを奮い立たせ、会員同士の団結を強くした。皆、超俗的な矜持をもち、そうした自負心が十四会の連帯性を高めていた。

この若者同士の内輪な集団からスタートした結社は、やがて当時の住友財閥、三井財閥の経営集団、加賀前田家家臣団、中央報徳会、東亜報徳会、キリスト教社会奉仕団体、東亜同文書院などの諸集団とも緊密な関係をもつ、影響力の大きい集団となった。

ここで、十四会の主要メンバーでもあった鈴木馬左也についてふれておこう。鈴木馬左也は文久元年（1861）二月生まれ、安政五年（1858）生まれの北條の三歳年下である。

鈴木馬左也は高鍋藩（宮崎県高鍋町）家老・秋月種節《たねよ》の四男として生まれ、父、長男、次男ともに戊辰戦争で喪った。母方の鈴木家でも跡継ぎが絶えたので鈴木家を再興するために九歳の時に同家の養子となった。秋月家では三男の秋月左都夫が家督を継いだ。秋月左都夫は後に外交官となって活躍する。

鈴木馬左也は父や兄が戦死した原体験を終生忘れなかった。

彼は住友家の経営理念は、同家の繁栄にあるのではなく、国事としての商い、国益を増すための経営に徹することであるとした。

経営者としての理念は「自己鍛錬による主体性を目指して禅や武芸に没入する」、いわば修養意識があった。

鈴木は明治九年（1876）、宮崎の学校を卒業し金沢の啓明学校に入学した。翌年には退学し、翌々年に東京帝国大学予備門に入学し、明治二〇年（1887）、二七歳で同大学を卒業した。同年に内務省に入省、さらに七年後の明治二九年（1896）、住友に入社して、第三代住友本社総理事を一八年間勤めた（1904–1922）。

鈴木が啓明学校に入学したとき、北條や土岐僙と同学年となり、ともに漢学、英学、数学を学んでいる。鈴木がなぜ金沢の啓明学校に入学したかと言えば、外国人教授による授業がなされていた同校は「進歩的な学校」として名を馳せていたからである。また、鈴木が父や兄の戦死を知らされたのは、金沢の啓明学校時代であったと言われている。

北條と鈴木馬左也が親交を密にするのは、鈴木が兄の秋月左都夫と禅の修行に没頭するようになってからである。深くなった相互の関係は一生涯続いた。

当初の十四会メンバーは、北條時敬を筆頭に、鈴木馬左也のほか、織田小覚、早川千吉郎、土岐僙、長山近彰、平山詮太郎、岡田良平、一木喜徳郎、平沼騏一郎、岡田次郎作、中橋徳五郎、河村善益などがいた。

北條時敬が東北帝国大学総長であったとき、住友総領事であった鈴木から支援を受けて臨時理化学研究所第2部として鉄鋼の研究を柱とする研究所を創立し、本多光太郎の磁石鋼の発明の基礎をきづいたのである。織田小覚は金沢四高出身の小倉正恒の内務相時代の先輩に当たるが、鈴木と同じく藤田東湖を崇拝し、住友の社会強化事業の一つである「良書刊行」事業の一環として『弘道館記述義』を鈴木の依頼によって執筆している。

前田家の家扶として前田侯爵の伝記を書いた織田小覚の思想と生活態度は、後に鈴木馬左也に大きな影響を与えた。早川千吉郎は後に三井財閥の経営陣の重鎮となる。今北洪川師のもとでの禅を通して、早川と鈴木の交流はきわめて密接で、「中央報徳会」や「修養団運動」など当時の社会的活動にも共に積極的に参加した。

報徳思想の啓蒙につとめた岡田良一郎を父にもつ岡田良平と一木喜徳郎は実の兄弟であり、東大では同学年で兄は哲学を専攻し、弟は法科を専攻した。一木は鈴木馬左也を非常に尊敬し、兄への協力をつねに怠らなかった。

十四会は、国際的な社会貢献集団への架け橋でもあった。

石川県から東京に派遣された学生たちが、加賀藩前田家を中心に組織された石川県育英社の学生宿舎「久徴館」の先輩たちから恩恵を受けていたようすは、『小倉正恒伝』に記されている。久徴館は明治二九年（1896）に廃絶したが、後年、旧藩の藩校明倫堂の名をうけて「明倫学館」として復活した。

西田幾多郎の四高教授時代の弟子で後に小松製作所会長となった河合良成は、この明倫学館の恩恵を受けた一人である。久徴館と同様にこの明倫学館は「加賀、能登、越中の旧加賀藩の在郷指定の合宿寮」として機能し、小倉正恒の義父・河村善益が監督に当たっていた。この学館は当時の前田侯爵家を中心にしていろいろな人物が出入りし、後に住友総理事となる小倉正恒はじめ、織田小覚、平沼騏一郎、西田幾多郎も何かと集まって団欒の時を過ごしたとされる。

明倫学館は、石川県から東京へ移住してきた新人たちを十四会などの社会貢献集団へ送り込む、いわばリクルート・センターの役割を果たしていたのであった。

キリスト教社会事業と報徳運動

キリスト教が解禁となり、アメリカ留学から帰国した新島襄が京都に同志社を設立して以来、日本でもキリスト教系の社会事業が財閥の支援を受けて盛んになった。

日本における社会福祉活動の先駆者・留岡幸助は、同志社英学校別科神学に在学中の一八歳の時に、高粱市にある日本基督組合派の教会で洗礼を受けた。キリスト者になった留岡は、同志社英学校別科邦語神学課程に進み、新島襄の教えを受け、徳富蘆花と親交を結んだ。卒業後、第一基督教会・福地山教会に就任して伝道活動を開始したが、志を抱いて北海道市来知《いちきしり》の空知集治監の教戒師に転職する。

五年後にアメリカへ留学しコンコルド感化監獄で実習し、帰国後日本でも感化院（家庭学校）設立のために奔走する。その傍ら霊南坂教会の牧師を務め、『基督教新聞』の編集を行った。さらに、北海道上湧別《かみゆうべつ》村に家庭学校の分校を開設した。

留岡は、明治四〇年（1907）四月から五月にかけて、貧困の救済よりもまず貧困を防ぐことが必要であるという留岡の思想に共鳴した内務省参事官・井上友一と全国地方改革運動のため、愛知県および関西方面に視察に出かけた。

井上は四高出身で、西田幾多郎や鈴木大拙、山本良吉の一年上級生であり、東京帝国大学の法科へ進学し内務省参事官となった人物で、鈴木馬左也の心友でもあった。井上は「神道」思想のもと郷土史の視点から全国の神社の状況を視察して回り、地方改良事業を推進した。大正四年(1915)四月、井上は明治神宮造営局長に推挙され、その三か月後に東京府知事になった。井上は惜しくも知事在任中、帝国ホテルで渋沢栄一ら実業家たちと会食中に突然死した。享年四八歳であった。

社会奉仕活動に力を注いだ留岡は、「報徳会」と関わりの深い鈴木馬左也や小倉正恒とも密接な関係を保った。

留岡は「徹底してキリスト教信仰に生きながらも、日本の土着思想の上に立って科学を存分に駆使し、対象者および社会を全人格的に改善しようという思想に立って、日本の社会事業の将来を確保しようとした」(瀬岡誠 1982)。

日本土着思想を尊重する留岡の思想は、当時の財界人、とりわけ住友総本店支配人であった小倉正恒を魅了した。留岡が創立した家庭学校の理事に就任した小倉正恒は、北海道の分校設立にも携わった。

留岡は明確に「キリスト教と二宮尊徳の思想は矛盾するものではなく、この東西の二つの教理はむしろ、相乗的に相補い、社会改良の実践的理論として展開した」と述べ、報徳会とかかわりながら農村改良の事業を推進した。

また、留岡は階級闘争を喧嘩主義と批判し、一九世紀のイギリスの社会思想家ジョン・ラスキンの道徳と人間性を重視した経済理論と二宮尊徳の思想との比較研究を進め、日本の風土に適した農業政策を模索した。

明治四一年（1908）、中央慈善協会が設立され、留岡は幹事として働き、後に理事となった。さらに留岡は無料図書館の必要性を主張し、大阪府図書館を住友財閥による寄付によって設立した。

その他枚挙にいとまがないほどの留岡の慈善活動が、住友財閥の資金によって推進された。このような留岡の活躍に関心を持った、広島高等師範学校校長時代の北條時敬は、留岡の「家庭学校」を訪問し、家庭学校の生徒に「家」という題で訓話している。この日は岡田良平、一木喜徳郎、井上友一らのほかに、内務省地方局長・床次竹二郎が同行していた。

もうひとり、岡山県出身の社会事業家・山室軍平の働きにもふれておきたい。山室軍平は「救世軍リーダー」として活躍した人である。山室もまた、留岡幸吉と共に日本の近代社会事業における「同志社」系の中心人物である。報徳会にも所属していた山室は街頭に慈善鍋を出して募金活動をしたことで知られるほか、労働寄宿舎、救世軍病院を設立した。

相互の連携

中央報徳会青年部が結成されたのは大正五年（1916）一月である。初代理事長・早川千吉郎のもとに結成された。常務委員二〇名、商議員四〇名の役員構成で、役員の大半は住友人とその準拠集団からなっていた。

なかでも、乾坤社の手島精一、杉浦重剛、十四会の早川千吉郎、岡田良平、北條時敬、秋月左都夫、内務省から井上友一、床次竹二郎、さらに新渡戸稲造、二木謙三（北條時敬の山口時代の弟子、医者）、白石正邦（北條の弟子）、澤柳政太郎（初代東北帝国大学総長、鈴木馬左也の禅友）たちが参加していることに注目したい。

東北帝国大学総長時代も北條時敬は精力的に十四会のメンバーと活動している。たとえば、大正三年（1914）、八月から一二月にかけて、岡田良平、澤柳政太郎、平沼騏一郎、秋月左都夫、織田小覚、一木喜徳郎、鈴木馬左也、早川千吉郎、二木謙三などと読書会などを盛んに行っている。後にこの読書会は「無窮会」と命名され、平沼騏一郎宅を根城に講読を続けた。『廓堂片影』で同年一二月一六日の活動を追ってみよう。北條は午前中に二木謙三と会談、井上友一と昼食、三時に丸山鶴吉宅を訪問、四時に土岐宅を訪問、鈴木馬左也らと夕食をとるというハードスケジュールをこなしている。時に北條五六歳、衰えを知らぬ活躍であった。

ところで、鈴木馬左也を中心とした住友の経営陣たちは、キリスト教に対してどのような立場をとったのであろうか。鈴木は「自分は会社を修道場とする一介の禅坊主である」と主張している。

だが、当時は内村鑑三はじめキリスト教系の知識人が多く、内村の高弟であった矢内原忠雄や江原萬里が住友総本店に入社して、東大生を住友本店に送り込むパイプラインとなった。鈴木馬左也は「キリスト教はあまりに個性を主張し過ぎて、国家の事を忘れる危険がある」と主張している。

カトリックにせよ、プロテスタントにせよ、確かにキリスト教思想の根底には個人主義があり、日本人の集団主義的傾向とは相容れない要素をはらんでいた。

留岡は牧師であっても、キリスト教と日本における仏教（禅宗）の土着性や独自な文化の継承を重んじたため、鈴木馬左也も意気投合することができた。鈴木は朱子学や禅による修行、報徳思想を根底において「国家の発展のために財閥が寄与するところなり」とする思想をつむいだのである。このような主張は、十四会のメンバーたちとの親しい交流によってさらに強化された。

明治二四年（1891）、十四会が日本の道徳思想や尊皇愛国思想を中心にした『講道館記述義』などを輪読していた折、一高の嘱託教員・内村鑑三の「不敬事件」が起こった。

一高の同僚であった北條時敬は、岡田良平と共に、内村鑑三に対する批判の先鋒にたった。『廓堂片影』によれば、

「基督教違憲者処分の議」において「元来基督教は施政者より此を観れば国家に有害なるものにあらずして我が国民の無宗者のごときものを裨益すること甚だ多し」としながらも、「しかりといえども独り国体の栄辱国勢の隆替に関するものに至っては秋毫も彼に仮すべからざるなり」と内村鑑三の国勢に対する態度の無礼を批判した。

同じ十四会に属しながらも、鈴木馬左也は内村鑑三の門下生であった江原萬里や黒崎幸吉、矢内原忠雄など優れた人材を住友に入社させることを拒まなかった。もっとも、これは内村鑑三の不敬事件から二〇年経過した後のことであるが、鈴木馬左也はたとえキリスト者であっても、国家のことを忘れない限り住友人として大きな役割を担えるとしたのである。

「不敬事件」が起こった年、北條の教え子の西田幾多郎と鈴木貞太郎（大拙）が上京してきた。さまざまな苦しみにさらされていた二人を温かく迎えたのは、北條や早川ら十四会のメンバーたちであった。

西田幾多郎の日記によれば、初めて彼が鈴木馬左也に会ったのは明治四三年（1910）五月のことで、当時東北帝国大学総長であった北條邸においてであった。

十四会の第一世代は北條と同年代で構成されていたが、西田幾多郎や鈴木大拙など北條の弟子たちが参加して活動するようになり、第二世代へと受け継がれていった。

注目すべきは、十四会において、第一級の財閥経営者たちと第一級の大学人たちが時局を語り合い、社会問題を議論し合ったという歴史的事実である。北條時敬という金沢人が中心にいて初めて成立した、日本においてはきわめて稀有な事象である。北條の弟子として日本独得の思想を練った西田幾多郎や鈴木大拙が、鈴木馬左也や早川千吉郎のような財閥経営者、さらには留岡などの基督教的社会運動家などと連帯し、後の日本を形成するうえで大きな働きをなしたことは、とくに留意すべき事柄であろう。

第十章

晩年を生きる

1　石川県視察の旅

北条時敬の学習院での二年間はかってない苦労と辛苦に満ちたものであった。時の宮内大臣・波多野敬直に辞表を提出した時の北条には、覚悟を決めた古武士の涼しさがあったと言われた。

北条は学習院の責務から解放されれば自由の身になると思っていたが、報徳会や十四会はじめ、皇民会、同民会、日本教育会など、さまざまな名誉職ともいうべき仕事が待ち受けていた。

学習院退官直後に勲《くん》二等褒章を授与され、間もなく貴族院議員（帝国学士院会員議員）に勅選された。当時の貴族院は現在の参議院とは異なり、衆議院よりも権力があった。時に北条は六二

前田利為侯爵

歳、如何に体が頑健でも、研究・教育畑から、政治家への転身は、ストレスの多いものであったと推察される。

多忙な日々の合間をぬって、北條はかねてより希望していた全国講演行脚に出かけた。『廓堂片影』に沿って、その足跡の一例をたどってみよう。

まず生まれ故郷の金沢へ一か月の行脚をした。北條に貴族議員の勅命がくだった大正九年（1920）の夏、八月八日から三一日まで、石川県の全領域を講演して歩き、多くの人たちと会って懇談した。これまで、二度にわたって四高の教育者として金沢に赴任しているのに、ほとんど石川県全域については知る機会がなかったのである。

初日の八月八日、夜九時一〇分発の夜汽車に乗り、上野から金沢へ発つのだが「寝台、普通車共に満員で、窓に寄りかかって寝る」と記されている。

並みの人にはできない苦行ではある。武士の面目、躍如たるものがある。翌日朝五時二〇分直江津着。洗面の後朝食、金沢へは一一時半に到着。夕方五時四〇分金沢発小松へゆく。翌日、陳列館、図書館見学、後援会出席、七時散会、浅井屋に宿泊、そこへ知人が訪れて共に語らう。

翌日、正午安宅へゆく。慇念寺で講話、安宅の関に行く。……小舞子、湊村、顕隆寺で講話。郡公会堂で学生たちに講演、辰口小学校で報徳講演会、七尾公会堂で学生のための講演会……

かくして二三日間の加賀訪問の旅は終わる。

同年一〇月、一一月も、北陸地方に講演旅行の旅に出た。

大正一〇年（1921）には朝鮮、満州への旅に出る。長旅四〇日であったが、国の使命を帯びて満州、朝鮮における思想を善導し、民族の特徴などを調査し、朝鮮との融和に尽力した。

その後、北條は在日朝鮮人有志によって組織された「同民会」の会長に推挙された。そのため、北條はたびたび朝鮮にわたって講演会を催している。

「同民会」とはどのようなものであろうか。同民会の綱領をここに披瀝する。

①大局に高処して、国内融和の徹底的実行を期する。

②質実剛健の気風を養い、軽佻浮薄の思潮を排す。

③勤勉力行の風を興して、放縦惰弱の弊を戒しむ。

北條は郷土の開発にも力を惜しまず、旧藩主前田利為《としなり》侯爵の側近、評議員として活躍、さらに加越能三州育英会の幹事長を引き受け、後輩の育成に尽力した。

多忙な日々の積み重ねは、彼の頑健な身体にも相当な負担を強いることになっていった。

2 病魔との闘い

オックスフォードでボートレースを観戦する裕仁親王

大正一〇年（1921）、北條は皇太子殿下が欧州歴訪から帰国直後の九月三日、四日に開催された奉祝行事に参加した。風邪気味なので用心していたつもりだが、その後、一気に疲れが出て、九日に高熱を発して急性肺炎と診断された。

北條時敬の主治医となっていた二木謙三医師が駆けつけてきた。第四章で述べたとおり、彼は北條時敬を慕って、はるばる秋田から山口へやってきて手狭な北條家の書生となった山口時代の教え子である。東京帝国大学医学学校に進学したおりも、東京の下宿先として北條の友人である織田小覚邸を紹介してもらった。そこで二木は蔵書家の織田の膨大な書物を読破し、西洋医学よりも「日本人特有体質」に適している漢方医学を体得し、西洋医学も巧みに取り入れて独自の健康保健学を樹立していたのである。

周辺の手厚い看病の結果、急性肺炎は小康状態になり、やがて快癒した。その時に病床を見舞った人数は、三〇人を超えるほどだったという。

一〇月末には病状も落ち着いて、再び多忙な日々が続くようになった。

しかし翌大正一一年年末、北條が六四歳の時、突如、親友の鈴木馬左也の訃報が入った。おりしも、北條は一二月二五日より感冒にかかり、発熱して頭痛もひどく、鈴木馬左也の訃報はひときわこたえた。二七日の貴族院開院式を欠席したが、三〇日に憔悴した状態で鈴木馬左也の葬儀に臨席し、帰宅後激しい頭痛のために倒れた。脳溢血と診断された。北條はそのまま昏睡状態で病臥した。日ならずして意識を取り戻したとはいえ、衰弱状態を脱するにはかなりの時間を要した。

日常生活では五女・鎮子を関口聡、六女・幸子を豊嶋章太郎のもとへそれぞれ嫁がせ、一安心していた。長男・敬太郎は東京帝大卒業後農商務省官吏となって活躍し、二男・恭次郎は大日本麦酒（現アサヒビール）の重役となっていた。ようやく子供たちを独立させた北條は、薛夫人と二人の水入らずの優雅な生活を始めてもよさそうだったが、相変わらず、多忙な日々を過ごし、暇さえあれば書物を読んでいた。

西田幾多郎は北條の古稀（数え年七〇歳）の祝いを北條没後次のように回想している。

先生の古稀を祝すべく、教えを受けた級友数人相集まり、先生を御招きしたことがあった。還暦近い老人共、先生の前では昔日の青年に還って、盛んに学生時代の奮話をした。後に聞けば、先生はその会合を非常に悦ばれたそうである。今や先生なし、無限なる寂寥の感に堪えない。先生は元来心身共に強健な人であった。私は先生は九十歳までもいきられるであろうと思っていた。然るに、先生の晩年は大病のため非常に衰えられ、全く往年の先生の面影はなかった。思い出すだに、涙の種ならざるはない。

（前出「先生に初めて教えを受けた頃」）

また、山本良吉は以下のように振り返る。

大正二、三年頃、京都帝国大学の有志が先生を御招きした。一同退散後、西田君と共にお御話を伺っていた。その時、先生は外交官となって働いたらばどうだろうと御志を漏らされた。我が外交官がすべて純然たる事務員上がりで、眼光針の如く、国家の前途に考え及ばぬのを深く痛恨しておられた。……王子のご新居に、故鈴木氏の令息で、中学時代先生のお宅で御世話になった銀太郎氏が二階造りの新築を提供したのを深く悦ばれ、まだ造作中、私に見よと手案内された。その時先生が下駄を履こうとして如何しても御はきになれなかったのを見て、私の胸はどきりとした。その建物の中で先生は安らかに努力の七二年［数え年］を終わられた。

（「北條先生還恩記」『尚志』109号付録）

昭和三年（1928）、満州で張作霖爆殺事件がおこり、世間には不穏な空気がみなぎっていた。暮れも押し迫ったころ、北條は下腹部に鈍痛を覚えるようになった。しかし、老化のためであろうと気にせずにいた。

年が明けると、例年どおり宮中に年賀参内を果たし、帰宅後は年賀客に応対するなど、元気そうに見えた。

一月二五日には、本郷駒込の徳源院に親族を集め、母トシの二三回忌の法要を営んでいる。二月に入って腹部は激痛を伴うようになった。しかし、彼は平然と貴族院に登院して政務に携わっていたが、二月七日になって登院するのが覚束なくなった。

北條は薛夫人をまねきよせ、主治医の二木謙三を呼んでほしいと頼んだ。異変を察した薛夫人は、直ちに駒込病院院長となっていた二木謙三の来診を願った。馳せ参じた二木医師は、北條の病状がきわめて厳しいことを直感した。彼は念のため、北條の山口時代の教え子の一人、日赤病院の内科部長であった吉野医師に連絡し、吉野医師は外科部長の金田医師を伴って往診にやってきた。病名を告げぬまま、三人の医師は一致して入院加療をすすめた。

北條は薛夫人を呼び、遺言ともとれる言葉を口にした。

「今度の病は私にとっては死病であると思う。子供たちにはこんなこと言うことはできないが、お前だけはそのことを覚悟しておいてくれ。私はもう十分に覚悟しているから心配せんでもいい」。

金沢で結婚して以来四〇年、八人の子供に恵まれ、二人は幼くして喪ったが、残りの六人は立派に成長し、それぞれの生活を営んでいる。親としては心残りはない。これは糟糠の妻として連れ添ってくれた薛夫人への感謝の言葉でもあった。

翌日、十字のマークを付けた救急車が北條邸に横付けになり、病人を乗せて渋谷の日赤病院へとひた走った。病院に到着すると、すでに数人の白衣をまとった病院関係者が待ち受けており、直ちに病人を外科病棟に運んだ。

この日から五〇日間、北條は日赤病院で入院生活を送ることになった。俊英ぞろいの日赤病院医師団は全力を尽くして北條の治療にあたった。

北條は心臓の働きが鈍っているうえ、一度脳溢血を患っているので、リスクが大きすぎて手術はできなかった。

病院でベッドに縛り付けられている北條は、体が楽になるような方法を編み出していた。現在のようにさまざまな介護用ベッドのない時代である。彼は硬いベッド上でいかに体のしびれや痛みを和らげることができるかを考えた。頑丈な体躯の甥の時三郎に上半身を起こしてもらい、夫人に足をベッド脇にある椅子に乗せてもらって、体勢を変えるようにした。

一日に数回、このような運動をすると体は少しは楽になった。表情も和らぎ、病室に飾られた美しい草花を眺めるゆとりも生じ、自然の風景が彼の脳裏を駆け巡った。金沢の美しい卯辰山、霊山白山、医王山、町を流れる犀川と浅野川、美しい兼六園のたたずまいが郷愁を誘った。

長女の茂はこの様子を見て「お父さんの自動車乗り」と命名した。自動車は次第に電車となり、汽車となり、最期には軍艦となった。

こうした一時の安らぎはあったが、病魔は決して退散したわけではなかった。外科手術ができないので内科的治療でしのいでいたが、いよいよ衰弱して重体に陥ったのは三月一二日であった。面会謝絶の木札をかかげた病室の外には、大勢の親戚縁者、門弟たちが平癒を祈って立ちすくんでいた。

死線をさまよって一〇日あまり、ようやく重体を脱し、小康を得た。しかし、がんは梅干し大を通り越して、茶碗大になっていた。もはやこれ以上隠しきれないと、医師団は相談のうえ、近親者に「肝臓がん」と発表した。もしかしたら、われわれの「誤診」かもしれないと前置きしての慎重な発表であった。北條自身には伝えられなかったが、彼はすでに自分の容態を察知していたふしがある。当時の医学界では病名告知は許されていなかった。

3 臨終のとき

北條は最期は自宅で迎えたいと思っていた。自分の部屋で臨終の時を迎えられないだろうかとつぶやき続けた。もはや、打つべき手を失った医師団は、額を寄せ合って相談した。当時は重篤な病人を退院させるなど思いもよらないことであった。

二木謙三はその時仙台に出張していた。帰京するや、二木医師は北條を診断し、日赤病院の医師たちと相談のうえ、涙ながらに告げた。

「先生、私が先生を病院にお引止めしたことが悪かったのです。私は負けました。どうぞ、御帰宅してください」。

晩年の西田幾多郎［上］と鈴木大拙［下］

北條は静かに天井を見つめていた。医師たちの謙虚な挨拶は、間近に迫る死の宣告であることを彼も周辺の人も了解していた。

午後四時、自動車五台と救急車が王子の北條邸に到着した。暗闇に沈んでいた邸内に灯がともった。次男の恭次郎は小祝宴をもうけて一同をねぎらい、父の帰還を喜んだ。久方ぶりに北條邸は活気にあふれ、笑い声にみたされた。広い座敷の真中に布団を敷きそこに横たわった北條は、久しぶりに謡曲の一節をうなった。

彼は病院においても北條邸奥座敷正面に掛けられた、松島端巌寺松原盤龍老師の直筆になる禅の極意を表した文、「忍之為徳持戒苦行所不能及」を呟いていた。「禅の道は生から死へ、死から生へと通じているが、それを忍の一字で苦行することが肝要である」という意味の文である。

帰宅してからの北條はきわめて体の調子がよく、読書をしたり、薛夫人に助けられて部屋の中を歩き回ったりした。

こうした状態であるにもかかわらず、見舞客とは政治、経済、数学、教育などそれぞれに応じた話題に興じた。

「西田はどうしている」と問いかけることもたびたびだった。

北條が脳溢血で倒れた時には、西田幾多郎はまだ大学で教えていたが、彼自身も健康がすぐれず、哲学界では自分の独自の哲学が多くの人びとに受け入れられるようになったことを先生に書き送ることがやっとだった。

今回も、西田幾多郎は京都帝国大学を定年退職し、名誉教授の称号を得ていたが、東京まで見舞いに来ることはできなかった。彼は、ただ、北條先生の病気快癒を祈っていた。

四月一七日に黄疸が出始め、呼吸困難になった。二三日、二木医師は「危篤」と家人に告げた。家人は多くの近親者に急を告げ知らせた。

それでも北條は、たびたび無呼吸状態になりながらもなお生きつづけた。付き添っている家人が、安らかに眠っている北條をおいて部屋を退出したとたん、北條は突如目覚めて「逃げているると間に合わぬぞ」と一喝した。

自分が息を引き取る時に、傍に誰もいないことを案じたのだろうか。

二六日、久しぶりに呼吸も正常になり危篤状態を脱したかに見えた。家人も見舞客も一息つけるものと思った。しかし、それは臨終間際によくおこるうたかたの小康状態であった。

翌朝、病状は急変し、夕方になったときには最悪の状態となり、医師をはじめ枕辺の一同はかたずをのんで見守るほかなかった。

ついに、四月二七日午後八時五〇分、北條時敬は息をひきとった。

枕辺の一同は、涙を浮かべ沈黙して見入るばかりだった。やっと参列していた長女・茂の婿で警視総監をつとめていた丸山鶴吉が、九時二〇分を臨終のときと告げた。享年七二歳（数え年）であった。

同年（1929）一〇月、世界第一次大戦後のバブルがはじけ、世界は大恐慌に見舞われることになった。

北條時敬が逝去した後、薛夫人は参禅と読書三昧の充実した日々を過ごし、九六歳の天寿をまっとうした。

後に西田幾多郎、鈴木大拙、山本良吉は、北條先生の残した膨大な日記を編集し、『廓堂片影』と題する書物を世に出した。本来ならば『廓堂日記』とするのが一般的ではあるが、彼ら愛弟子たちには「先生のことはほんの少ししか知らない、片影にすぎないのだ」という謙虚な思いがあったようである。

廓堂先生のほんの一握りの人生という意味にもとれる。それほど広範囲にわたる北條先生の社会的活動の全貌を彼らは知るべくもなかったのである。

北條時敬死去から一年後、石川県有志を発起人として兼六園内の金沢神社に顕彰碑が建立された。

昭和五年庚午の日五月二十七日
男爵 前田直行額、稼堂黒本植撰並びに書　有志の者建立

とあるが、風雪にさらされた顕彰碑の本文は、いまや判読不能である。金沢神社の神主が分かりやすく、注を付けて清書したものを訪れる人に配布している。

顕彰碑の前には、この恒徳碑が何を意味するのかを見学者に示すために次のような立札が建てられている。

北條時敬顕彰碑

北條時敬は金沢が生んだ偉大な教育家で第四高等学校・広島高師・東北大学・学習院の長を歴任し宮中顧問官・貴族院議員となり正三位に叙された

第四高等学校校長の時代に首相伊藤博文金沢滞在の折に金沢には学徒が多いから絃歌飲食をしないよう手紙を送ったことにより「金沢に北條なるものあり畏るべし」と言わ

しめた逸話が残っている
昭和四年四月二十七日歿　七十二歳

北條時敬の顕彰碑

おわりに

西田幾多郎記念哲学館の前身、宇ノ気町立西田幾多郎記念館を訪れたおり、西田幾多郎が生涯尊敬した恩師が北條時敬であると知る機会をえた。西田は北條時敬から数学と英語、そして禅の精神を学んだ。北條時敬は数学者としての道を歩みはじめて将来を嘱望されていたが、教育者としての類い稀な資質を周囲から見込まれ、金沢・山口の高等中学校、広島高等師範学校、東北帝国大学、学習院大学の校長・総長・院長となって多くの俊英たちを日本の津々浦々に送り出した人物である。

二〇〇五年一〇月一五日、『北國新聞』に「石川は数学先進県」という見出しで掲載された記事に目を奪われた。高山右近が根城にしていた七尾市本行寺で明治初期の「洋算解答集」が見つかったというのである。幕末から明治期にかけて活躍した金沢の数学者・関口開が監修した、そろばん用問題集を洋算法式で解いた模範解答集がこの寺に保管されていたことが、郷土史研究家の野村昭子氏の調査で明らかになったという。日本に本格的に洋算が導入される約二〇年前に、石川では洋算に取り取り組んでいたのであった。

北條時敬は、この関口開から数学を学んでいるのである。

加賀の数学と教育をめぐるえんじょもん（石川県外出身者）の探索の旅が始まった。関口開には多くの伝記や著書があるが、なぜ、教育界に多大な貢献をした金沢の誇りともいうべき北條時敬に関する書物が少ないのか。

「金沢ふるさと偉人館」の当時の館長であった松田章一館長に、北條時敬に関する資料を集めていただいた。館長は、いささかびっくりしたようすで、なぜ北條時敬に興味を持つのか不思議がった。これまで北條時敬に関する問い合わせはほとんどなかったという。

明治維新の夜明けに一歩立ち後れた大藩・加賀百万石の運命の故に東奔西走しなければならなかった北條時敬の一生は、波乱に満ちたものであったが、輝かしいものであった。

北條時敬は、並はずれた理性と徳性を兼ね備えた双頭の鷲である。数学者としてスタートをきり、高等教育の場を活性化させ、自らの教育理念を徹底させた教育者でもあった。双頭の鷲が大きな翼を広げて日本の山野を飛翔し、風雪の日々においてもなお翼を広げて舞い上がり、悠然と飛翔する。執筆中、しばしばその雄姿がまざまざと脳裏に浮かび、見とれる心地であった。

本書を執筆するうえで北條時敬の令嬢（六女）豊嶋幸子夫人の令息・豊嶋新治氏および次男恭次郎氏の長男、泰一郎氏夫人・北條静氏に多くの資料や写真を提供して頂いたことを感謝する。さらに、本書の初稿を丁寧に熟読し、多くの貴重な助言を頂いた工作舎の十川治江氏と米澤敬氏、およびデザイナーの佐藤ちひろ氏に言葉に尽くせぬ、お礼を申し上げる。

末筆ながら、急な申し出にもかかわらず校正ゲラを精読して貴重な助言をくださったうえにご厚意あふれる序文を賜った石川県西田幾多郎記念哲学館の浅見洋館長に、心からの謝意を申し上げる。

二〇一八年　初春

聖学院大学名誉教授　丸山久美子

北條時敬年譜（年齢は満年齢）

★北條時敬とその家族　○師弟・友人

1858〔安政5〕	0歳	3月23日	★旧前田藩士・父北條條助と母トシの次男として金沢市池田町に出生、粂次郎と命名
			★金沢に数校の区学校が設置され、近辺の区学校で学ぶ
		4月	福沢諭吉英学塾を慶応義塾と命名
1868〔明治1〕	10歳	9月	新政府開成学校を創設
		10月	「明治」と改元、一世一元制となる
		11月	各県に区学校創設
1869〔明治2〕	11歳	3月	東京遷都
1870〔明治3〕	12歳		○西田幾多郎、鈴木貞太郎、藤岡作太郎など四高時代の教え子たちが出生
1871〔明治4〕	13歳	1月	京都府中学校を創設
		9月	文部省設置、初代文部大輔・江藤新平
1872〔明治5〕	14歳	1月	★粂次郎元服して時敬となる
		2月	学制発布
		3月	福沢諭吉『学問のすすめ』
		5月	石川県女子師範学校創立〔最初の公立女子師範学校〕

1872〔明治5〕	14歳	11月	徴兵告諭発布
1873〔明治6〕	15歳	2月	キリスト教解禁
			★金沢英学校に入学し、3年間、英語、数学を関口開に学ぶ
1874〔明治7〕	16歳	2月5日	★金沢英学校助教傭となる
1875〔明治8〕	17歳	4月	板垣退助、土佐に立志社を設立
		11月	新島襄、同志社〔同志社大学〕創立
1876〔明治9〕	18歳	2月	★金沢啓明学校入学、漢学、英学、数学を学ぶ
			★関口開より英語・数学を学ぶ
		4月	男子満二〇歳を青年と定める
		8月	札幌学校開校〔翌月、札幌農学校と改称、クラーク教頭就任〕
1877〔明治10〕	19歳	2月5日	★金沢啓明学校公学員／月給2円
		2月	西南戦争勃発
		4月	東京開成学校と東京医学校を合併して東京大学と改称
		10月	私立華族学校開設、天皇臨席して学習院の称号を与える
1878〔明治11〕	20歳	2月5日	★東京留学を申しつけられ、1年間、数学、英語を三叉学舎で修める
		9月	東京帝国大学理・法・文三学科に選科を設置
1879〔明治12〕	21歳	1月	東京学士会院創立、初代会長・福沢諭吉
		7月	東京大学初の学位授与式
		9月	★東京大学予備門に入学
1880〔明治13〕	22歳	4月	集会条例により生徒の政治集会参加禁止

1881〔明治14〕	23歳	8月	★東京大学理学部数学科に入学、数学を専修
1882〔明治15〕	24歳	10月	大隈重信、東京専門学校創立〔現早稲田大学〕
1883〔明治16〕	25歳	10月	東京大学の学生、政治活動取締り強化に反対し、学位授与式ボイコット〔退学者147名、後日多くは復学〕
		12月	徴兵制改定、学卒者に特典
1884〔明治17〕	26歳	4月12日	○関口開死去〔享年46歳〕
		7月	学習院高等科、宮内省の所管となる
1885〔明治18〕	27歳	7月	★東京帝国大理学部数学科卒業
		9月11日	★石川県専門学校二等教諭／月給70円
		10月31日	★理学士の称号を受ける
		12月	内閣制度成立：初代内閣総理大臣・伊藤博文、初代文部省文部大臣・森有礼就任
1886〔明治19〕	28歳	3月1日	★斉田の国泰寺、雪門禅師に面接、入門、翌日から参禅
		3月	帝国大学令公布：東京大学を東京帝国大学に改組、初代総長・渡辺洪基
		4月	中学校令公布、東京大学予備門を第一高等中学校、大阪の大学分校を第三高等中学校と改称 東京高等師範学校開設〔現筑波大学〕
		11月14日	★加賀藩士近藤順信の長女蒔〔まさき〕と結婚
			○西田幾多郎石川県専門学校付属初頭中学科第二級に補欠入学するも退学し、北條時敬の書生となり数学を学ぶ
1887〔明治20〕	29歳	2月	仙台に第二高等中学校、金沢に第四高等中学校を設置
		5月	第五高等中学校を熊本に設置

1887［明治20］	29歳	11月	山口中学校を山口高等中学校と改称
		2月21日	★石川県専門学校長心得兼務
		4月21日	★第四高等中学校教諭／奏任官五等
		5月	最初の博士号授与／菊池大麓、山川健次郎ら25人
1888［明治21］	30歳	7月13日	★長女・茂誕生
		9月14日	★依願退職して上京
		9月18日	★第一高等中学校嘱託／月給40円／物理、及び数学を担当
		10月11日	★東京帝国大学大学院に入学許可される
		12月21日	★従七位に叙せられる
1889［明治22］	31歳	2月	森有礼暗殺される
1890［明治23］	32歳		★次女・薫誕生［推定：数え年3歳で死去、東京本郷の徳源院に葬る］
1891［明治24］	33歳	1月	内村鑑三「不敬事件」
		4月30日	第一高等中学校教授／奏任官四等／年俸960円
		12月21日	★従七位に叙せられる。
1892［明治25］	34歳		○鈴木貞太郎、円覚寺館長となった釈宗演より大拙の居士号を得る
		11月20日	高等官官等俸給令実施
1893［明治26］	35歳	3月2日	★長男・敬太郎誕生
1894［明治27］	36歳	6月	高等学校令発布：高等中学校を高等学校に改称［9月施行］
		8月20日	★山口高等中学校に移動／高等官六等／四級俸下賜

年	年齢	月日	事項
1894［明治27］	36歳	9月	山口高等中学校を山口高等学校と改称
1896［明治29］	38歳	1月10日	★三女・絲誕生
		4月29日	★山口高等学校校長心得
		6月8日	★山口高等学校校長
		6月30日	★従六位に叙せられる
		8月	日露戦争勃発
1898［明治31］	40歳	2月4日	★第四高等学校長／高等官五等／三級俸
		9月2日	★二男・恭次郎誕生
1900［明治33］	42歳	9月	津田梅子、女子英学塾創立［現津田塾大学］
			四高、五高で生徒の禁酒方針決定
			★高等官三等
1901［明治34］	43歳	3月	第七高等学校を鹿児島に設置
		3月26日	○西田幾多郎雪門禅師より「寸心」の居士号を得る
		4月	成瀬仁蔵、日本女子大学校創立［現日本女子大学］
		6月	菊池大麓、文部大臣となる
1902［明治35］	44歳	5月12日	★広島高等師範学校長／二級俸
		6月30日	★勲六等に叙せられ瑞宝章受章
			★四女・潔子誕生［翌年3月29日夭折］
1903［明治36］	45歳	5月	一高生・藤村操「巌頭之感」の一文を遺し日光華厳滝に投身自殺

1904〔明治37〕	46歳	7月11日	★正五位に叙せられる
		8月1日	★五女・鎮子誕生
		12月27日	★勲五等瑞宝章受章
1906〔明治39〕	48歳	3月12日	★一級俸を賜る
		9月	新渡戸稲造、一高校長就任
		10月30日	★六女・幸子誕生
1907〔明治40〕	49歳	1月25日	★母トシ逝去
		6月	東北帝国大学理科大学を仙台に設置
1908〔明治41〕	50歳	3月	第八高等学校を名古屋に設置
		7月12日	★第一回万国道徳教育会議参加のため渡英
1910〔明治43〕	52歳	4月1日	★高等官官等俸給令改正により参千七百円下賜
			○西田幾多郎、京都帝国大学文科大学助教授／鈴木大拙、学習院教授となる
		6月24日	★勲三等瑞宝章受章
		7月1日	★清国へ査察の旅
1911〔明治44〕	53歳	3月27日	★職務勉励につき賞金三百円下賜
			○西田幾多郎『善の研究』〔弘道館〕
		4月30日	★長女・茂、丸山鶴吉と結婚
1913〔大正2〕	55歳	5月9日	★東北帝国大学総長／高等官一等／二級俸〔五千円〕
			○西田幾多郎、京都帝国大学文科大学教授

1913［大正2］	55歳		○田邊元、東北帝国大学理学部講師
1914［大正3］	56歳		第一次世界戦勃発
1915［大正4］	57歳	11月10月	★大礼記念章受章
1916［大正5］	58歳	2月16日	★三女・絲、草鹿任一と結婚
1917［大正6］	59歳	6月26日	★勲二等瑞宝章受章
		8月25日	★学習院院長／高等官一等／一級俸
1918［大正7］	60歳		北海道帝国大学設置［医学科と農学科：東北帝国大農学科大学を北海道帝国大学農学科大学に改名］
			○田邊元、京都帝国大学助教授就任
1919［大正8］	61歳	5月24日	★旭日重光章受章
		6月24日	★臨時教育会主査委員として尽力
		10月30日	★従三位に叙せられる。
1920［大正9］	62歳	4月5日	★学習院院長を依願退職／宮中顧問官／正三位
		6月2日	★貴族院議員に勅選される
			○山本良吉イギリスへ留学
1921［大正10］	63歳		★元広島高等師範学校英語教師スミス氏を伴い朝鮮視察、さらに単身満州を視察
			○鈴木大拙、大谷大学教授就任
		9月9日	★急性肺炎にかかり重体となる
		9月12日	★天皇皇后陛下よりお見舞い下賜
		12月	○私立武蔵高等学校［七年制］認可［初代教頭＝山本良吉］

1922〔大正11〕	64歳	12月30日	★脳溢血発症
1923〔大正12〕	65歳	9月	関東大震災
		10月	私立甲南高等学校〔七年制〕認可
1924〔大正13〕	66歳	4月12日	★五女・鎮子、関口聡と結婚
		4月15日	★同民会会長となる
1925〔大正14〕	67歳	2月	私立成蹊高等学校〔七年制〕認可
1926〔大正15／昭和1〕	68歳	3月	私立成城高等学校・大阪府立浪速高等学校〔ともに七年制〕認可
		10月15日	★六女・幸子、豊嶋章太郎と結婚
1927〔昭和2年〕	69歳		○田邊元、京都帝国大学文学部部教授
1929〔昭和4年〕	71歳	2月12日	★肝臓癌発症のため日赤病院入院
		4月3日	★退院
		4月27日	★午後9時20分、東京市王子町原宿1188番地の自宅で逝去
		4月30日	★青山斎場で葬儀
			○西田幾多郎、京都帝国大学定年退職
		6月15日	★金沢市寺町「宝勝寺」の北條家墓地に埋葬
1930〔昭和5〕	72歳	5月27日	★金沢神社の顕彰碑〔石川県有志による建立〕除幕式

＊後年、次男であった北條時敬の家系が分家したさい、時敬一家の遺骨と広島尚志会献納による石造灯篭一式、玉垣一揃は、本家の菩提寺「宝勝寺」から東京都文京区本郷駒込の「徳源院」へと移された。

参考文献

北條時敬閲・真田兵義訳『幾何学教科書』上下 英国幾何学教授法改良協会編 1893
北條時敬「日本普通教育の徳教」『教育時論』857, 19–20 開発社 1909
北條時敬「英国教育社会の道徳的気風及び道徳教育の状況」『帝国教育』326, 78–87, 1909
北條時敬「ボーイスカウトに就きて」『(広島高等師範学校)教育研究会講演集』5 金港堂 1911
北條時敬「民心統一は官民一致に在り」『弘道』322, 60, 1923
『関口開先生小伝』上山正三郎・田中鉄吉編、北條時敬序 1919
西田幾多郎・山本良吉編『廓堂片影』教育研究会 1931
広島高等師範学校同窓会編『北條時敬先生』『尚志』109号 付録 1929
木佐貫重元『北條時敬先生』《郷土先哲叢書》2 石川県思想問題研究会 1938
松本皓一「北條時敬における人間と禅――臨済居士禅の事例研究」『駒澤大学仏教学部論集』9, 74–81, 1978
松本皓一「北條時敬―その教育者・禅者としての人間像」北條時敬・峰島旭雄編『近代日本の思想と仏教』279–292, 1982
中部政次郎「北條時敬校長と西田幾多郎(その1–4)」『東海』440–481 東海学士会 1994–95
石村宇佐一「北條時敬先生の体育・スポーツ思想――石川専門学校・山口高等学校と四高時代」『広島大学尚志会会報』2008
井上好人「北條時敬校長の四高赴任と校風改革――「教師―生徒関係」の構築の試みとして」『金沢大学資料館紀要』11, 1–15, 2016
上杉知行『偉大なる教育者　北條時敬先生』北国出版社 1978
上杉知行『西田幾多郎の生涯』《燈影選書》14 燈影舎 1963
上田彌生『わが父西田幾多郎』弘文堂 1948

上田　久『祖父 西田幾多郎』南窓社 1978
竹田篤司『西田幾多郎』中公叢書 1979
浅見 洋『西田幾多郎とキリスト教の対話』朝文社 2000
浅見 洋『西田幾多郎の姪・高橋ふみの生涯と思想：おふみさんに続け！　女性哲学者のフロンティア』ポラーノ出版 2017
『西田幾多郎の世界』石川県西田幾多郎記念哲学館 2004
『西田幾多郎全集』12・13・16巻 岩波書店 1966
鈴木大拙「私の履歴書」日本経済新聞 1961
『鈴木大拙全集』15・26巻 増補新版 岩波書店 2001
鈴木大拙『激動期明治の高僧 今北洪川』春秋社 1975
板倉聖宣『長岡半太郎』《朝日評伝選》10 朝日新聞社 1976
高瀬正仁『近代日本数学の父』岩波新書 2010
高瀬正仁『高木貞治とその時代――西欧近代の数学と日本』東京大学出版会 2014
野村昭子「洋算（西洋数学）の開拓者 関口開、広田亥一郎について」『石川県郷土史学会会誌 38, 85–93, 2005
掛谷宗一「研究ノート」統計数理研究所所蔵
新井仁之「掛谷問題のはじまり」『数学セミナー』《特集：掛谷の問題と実解析》8, 11–41, 2002
矢野健太郎『ゆかいな数学者たち』新潮文庫 1981
高橋秀裕「末綱恕一にとっての科学と宗教――数学者そして哲学的宗教思想家」『宗教と現代がわかる本』平凡社 2011
『東北大学五十年史』東北大学 1960
佐々木重夫『東北大学数学教室の歴史』東北大学数学教室同窓会 1984
星亮一『明治を生きた会津人 山川健次郎の生涯――白虎隊士から帝大総長へ』ちくま文庫 2007
笠井尚『山川健次郎と乃木希典――「信」を第一とした会津と長州の武士道』長崎出版 2008
花見朔巳『男爵山川先生伝』《伝記叢書》大空社 2012
上田操『晁水先生の追想』故山本先生記念事業会 1952

上田 久『山本良吉先生伝』南窓社 1992
筒井清忠『日本型教養の運命』岩波書店 1995
竹内 洋『学歴貴族の栄光と挫折』《日本の近代》12 中央公論社 1999
下村寿一『岡田良平』文教書院 1944
瀬岡誠『企業者史学序説』実務出版 1980
瀬岡誠「財閥経営者とキリスト教社会事業家」『国連大学人間と社会の開発プログラム研究報告書』1982
瀬岡誠『近代住友の経営理念――企業者史的アプローチ』有斐閣 1998
平沼騏一郎回顧録編纂委員会『平沼騏一郎回顧録』(非売品) 1955
八木茂樹『報徳運動100年の歩み』緑蔭書房 1987
同志社大学人文科学研究所編『留岡幸助著作集』第1巻 1979
留岡幸助日記編集委員会編『留岡幸助日記』財団法人矯正会 1978
日置謙『石川県史』全五巻 石川県 1927–28
浅香年木『北陸の風土と歴史』《歴史と風土》4 山川出版社 1977
丸山久美子『えんじょもんの金沢逍遥』東京新聞出版局 2013
丸山久美子『林知己夫の生涯――データサイエンスの開拓者が目指したもの』新曜社 2015

［著者紹介］

丸山久美子（MARUYAMA Kumiko）

東京都出身。青山学院大学院心理学修士、統計数理研究所統計技術員養成所専攻科終了。東京大学大学院教育心理学特別研究生。国際交流基金特別長期派遣留学生としてアメリカ・イリノイ大学大学院（計量心理学）に留学。青山学院大学文学部助手・講師（心理学）、盛岡大学助教授・教授、聖学院大学教授、ドイツ・ケルン大学客員教授、北陸学院大学教授などを歴任。林知己夫賞受賞（日本行動計量学会 2009）。現在、聖学院大学名誉教授。

著書は『犯罪心理学特講：実存的極限状況の心理』（ブレーン出版 2005）、『心理統計学』（アートアンドブレイン 2007）、『21世紀の心の処方学：医学・看護学・心理学からの提言と実践』（同前 2008）、『林知己夫の生涯』（新曜社 2015）、『北森嘉蔵伝』（教友社 2016）など多数。

双頭の鷲——北條時敬《ときゆき》の生涯

発行日——二〇一八年四月二〇日
著者——丸山久美子
エディトリアル・デザイン——佐藤ちひろ
印刷・製本——シナノ印刷株式会社
発行者——十川治江
発行——工作舎 editorial corporation for human becoming
〒169-0072 東京都新宿区大久保2-4-12 新宿ラムダックスビル 12F
phone: 03-5155-8940 fax: 03-5155-8941
www.kousakusha.co.jp saturn@kousakusha.co.jp
ISBN 978-4-87502-493-4

好評発売中◉工作舎の本

形而上学の可能性を求めて

◆山本 信ほか

ライプニッツとウィトゲンシュタイン、心と身体、時間と無…。戦後日本哲学界を支えた山本信の論文を精選。さらに加藤尚武、山内志朗、黒崎政男ら学統たちによる論考・エッセイを収録。

●Ａ５判上製●４６４頁●定価　本体４０００円＋税

寛容とは何か

◆福島清紀

宗教・思想・民族・格差・テロ・差別・ヘイトスピーチ…。引き裂かれた世界のなかで寛容は共存の原理たりうるか?　ヴォルテール、ライプニッツ研究で知られる著者、畢生の仕事。

●Ａ５判上製●３９２頁●定価　本体３２００円＋税

ライプニッツ術

◆佐々木能章

ライプニッツの尽きることのない創造力の秘密はどこにあるのか。「発想術」「私の存在術」「発明術と実践術」「情報ネットワーク術」の四つの視座から哲学の生きた現場に迫る。

●Ａ５判上製●３２８頁●定価　本体３８００円＋税

喪われたレーモンド建築

◆東京女子大学レーモンド建築 東寮・体育館を活かす会＝編著

Ａ・レーモンドの作品にして、建学精神の結晶でもあった歴史的建築物が、なぜ解体されねばならないのか?　保存を願い1万を超える署名を集めながらも解体を防げなかった活動の全記録。

●Ａ５判変型上製●３１２頁●定価　本体２４００円＋税

私たちのワンダフルライフ

◆有村 章＋有村勝子

１９５６年、わずか10ドルしか持ちだせずにイェール大学に留学した有村章。やがて神経ペプチド研究でシャリー博士のノーベル賞受賞に貢献し、日米の文化交流に尽力した科学者夫妻の物語。

●四六判上製●３５２頁●定価　本体２４００円＋税

賢治と鉱物

◆加藤碵一＋青木正博

孔雀石の空、玉髄の雲…宮澤賢治の作品を彩る鉱物を色ごとに紹介。科学者による美しい写真と最新の鉱物解説とで、賢治の世界をより深く知ることができる。カラー写真満載。

●Ａ５判上製●２７２頁●定価　本体３２００円＋税